# 古代歷史文化研究輯刊

## 三一編

王明蓀 主編

# 第31冊

## 民俗雕版木刻研究
## （第五冊）

鄧啟耀 等著

國家圖書館出版品預行編目資料

民俗雕版木刻研究（第五冊）／鄧啟耀 等著 -- 初版 -- 新北市：
花木蘭文化事業有限公司，2024〔民113〕
目 8+182 面；19×26 公分
（古代歷史文化研究輯刊 三一編；第 31 冊）
ISBN 978-626-344-683-0（精裝）
1.CST：版畫 2.CST：民俗 3.CST：研究考訂 4.CST：中國
618                                                    112022541

ISBN-978-626-344-683-0

9 786263 446830

古代歷史文化研究輯刊
三一編　第三一冊　　　　　　　　ISBN：978-626-344-683-0

**民俗雕版木刻研究**
**（第五冊）**

作　　　者　鄧啟耀等
主　　　編　王明蓀
總 編 輯　杜潔祥
副總編輯　楊嘉樂
編輯主任　許郁翎
編　　　輯　潘玟靜、蔡正宣　美術編輯　陳逸婷
出　　　版　花木蘭文化事業有限公司
發 行 人　高小娟
聯絡地址　235 新北市中和區中安街七二號十三樓
　　　　　　　電話：02-2923-1455／傳真：02-2923-1452
網　　　址　http://www.huamulan.tw 信箱 service@huamulans.com
印　　　刷　普羅文化出版廣告事業
初　　　版　2024 年 3 月
定　　　價　三一編 37 冊（精裝）新台幣 110,000 元
版權所有 · 請勿翻印

# 民俗雕版木刻研究
## （第五冊）

鄧啟耀　等著

# 目

# 次

# 第十六章 民俗雕版木刻的時間節點與歲時秩序

　　時間無聲無形地流逝，似不可見。但自然時間會以晝夜交替、四季輪換的氣溫、光照和物候的變化，讓人通過視感、體感等知道時間的節點和歲時秩序。節日，即是人經由觀察自然而以文化習俗方式確定的一種時間節點。節日幾乎濃縮了民俗傳統文化所有層面的內容，並在特定時間將其中最典型的部分集中展現出來，較完整而濃縮地反映了某一民族物質文化、精神文化、制度文化等層面的內容，並通過造型、音聲、行為等方式，使其成為承載著族群歷史與文化認同的重要文化符號。所以，節日作為一種頗為特殊和十分重要的文化現象，自然引起不同學科的關注和社會的廣泛興趣。

## 一、日月星辰與時間秩序

　　太陽每天按時升落，月亮每月固定圓缺，星斗每年定向旋轉，呈現出明確的規律和時間之象。

　　太陽白天普照，月亮夜晚潛行，日夜循環，暗示了一種與陰陽、變異等聯繫在一起的宏觀宇宙秩序，同時也護持著「本家堂位」這樣的微觀家屋空間；既和歲時年月之類的自然時間概念有關，也與權力、命運等社會時間或文化時間有關。所以，日月星斗紙馬在與時間和空間相關的祭祀儀式中，都是常用的符像。

照耀家天地人三界的日月星　　　照耀家堂的日月星斗。雲南巍山
斗。雲南芒市

## 1. 當天

太陽框定的時間週期是一天，呈現的時間之像是金烏或朱雀。太陽的主管
在不同信仰的人群中分別被稱為「日光菩薩」或「太陽星君」。其中「太陽星
君」的誕辰在冬月十九日，民間在這天會舉行「太陽會」，燒紙化錢，素食祭
祀。

值日功曹

值日功曹。雲南大理

拜當天套符

如果祭祖或做什麼法事，在舉行儀式的當天，也會在眾多的紙符裏，夾上

一套「拜當天套符」。廣州的拜當天套符14種一套，包括平安符、福祿壽、三壽星、河沙無量功德佛、三龍、貴人指引永保平安2種、時時好運（紅紙）、四方大利2種（紅綠各一，上書「貴人指引，祿馬扶持」）、招財（上書」招財和會，樟柳二仙）、東西南北順利、長命富貴，另有剪紙得力貴人（紅紙金印）、觀音衣、龍衣、印字金壽錢22、土紙錢3疊等。

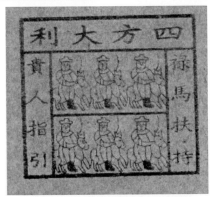

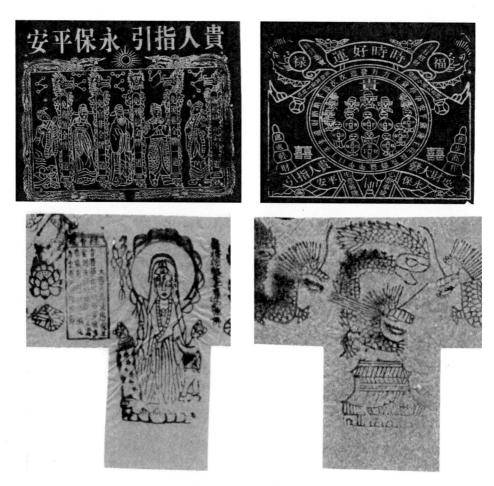

拜當天套符。廣東廣州，2017

## 2. 當月

月亮又稱「太陰」，框定的時間週期是一個月，呈現的時間之像是金蟾。

月的圓缺，在天空中呈象變化最明顯。它圓缺的週期，正好界定了一個月的時間。所謂「陰曆」，即依此創制。對月的祭祀，涉及農事（如中秋報祭）；對於月的想像，則產生了多少神話傳說。又因了嫦娥奔月的故事，月亮的廣寒宮裏住進了寂寞孤女嫦娥，陪伴她的只有一隻搗藥的玉兔，還有一位與她關係不明，無聊得總在砍伐桂樹的吳剛。民俗雕版木刻對月的描繪，基本就基於這些故事。

月宮。雲南騰沖　　　　　月宮。雲南祥雲　　　　　月光。雲南巍山

## 3. 當年

斗移星轉，河漢杳渺，暗示著一個更大的時空。人們發現，滿天星空的布列和運行，其實是有規律的，例如北斗七星，斗柄半年一旋，正好把一年分為陰陽兩半。彝族的十月太陽曆，就以此分年。這種古老的曆法把一年分為十個月，一個月為三十六天，以十二動物屬相循環記日，每月三個屬相周，十個月合計三百六十天，這有便於記憶，剩餘的五至六天作為過年日，分為大小兩個新節，以北斗柄上指和下指為標誌，定在一年中最熱和最冷的節令過節，所以又叫星回節。每半年有一個星回節，正好把一年分為陰陽兩半。由於星回節要以火燎田照屋，燒蟲驅邪，照人照歲，所以習稱「火把節」。雲南彝族在火把節期間，要祭蒼龍，祭莊稼神，祭保駕「老爺爺」，祭田公地母，燒錢化紙，潑灑水飯。

在民族民間藝術中，掌握時間的神靈，多與個體生命和老百姓的生產生活密切相關。主宰個人生命時間及運程的時間象徵，以遙遠而具有神秘運行規律的星辰為最常出現。其中出現頻率較高的，是隨著時運旋轉的星斗。在田野考察中，一位道長告訴我們：「北斗主死主解禳，即消災解難，祈福衍生。南斗主生，南極仙翁嘛。主要是祈福，添福添壽（故也有人說，南斗是福祿壽三老星君），還有的人朝本命走。今年剛好是龍年，很多屬龍的人都朝本命走，所以民間做順星法事的很多。」〔註1〕所謂本命年，即人的屬相和當年的屬相重合，從而「犯」了太歲，將對人產生影響，其時間指向甚至跨越至遙遠的「前世」和「後世」。

〔註1〕訪談對象：肖遙道長，訪談時間：2015年，訪談地點：雲南巍山彝族回族自治縣巍寶山長春洞，訪談人：鄧啟耀。

當年太歲

當年太歲。雲南芒市　　　當年太歲。雲南大理　　　當年太歲。雲南大理

# 二、四季與節氣

　　春祈秋報，夏禱冬養，十四節氣，對於農業大國來說，自古以來便是國之大祀，列為國家祭典，皇帝皇后常常親往祭祀。西周立春官，以掌邦禮；唐時設春官，即司專職的四時之官。在民間，涉及春天的播種，夏天的祈雨驅蟲，秋天的收割，冬天的藏養，也是十分重要的事。比如播種插秧的時間，必須由長老或巫師測算；舉行開播儀式時，要由頭人播下第一批種，一般人才能動手。其他如夏天的求雨、秋天的開鐮和進倉等諸事，都須在權威人士指揮下，依農事的關鍵時間而祀。

## 1. 春祈

　　春祈一般在立春日或春分日舉行。

　　立春在農事節氣中十分被看重，許多地方都有相應的民俗活動，如甘肅、貴州等地的春官「說春」，雲南白、漢、瑤等族的「迎春牛」、「打春牛」或演「耕作戰」的習俗。所謂「春牛」，多為泥塑之泥，放到田裏，認為這樣做後，便會獲得好的年成。

　　雲南鶴慶壩區白族在春分日中午，要上螺峰山去「賽會」，用稻穀、玉米、小麥、蠶豆和各種瓜果祭春天的太陽；鶴慶山區的彝族，則用山民喜愛的樹頭菜、麥郎菜、花椒葉尖三種野味祭太陽，稱「獻日」。

　　春帖

　　「說春」主要流佈於甘肅禮縣龍林鄉、貴州石阡縣境及周邊地區。立春前

後，春官穿傳統布衣，執木刻春牛紙馬，挨家挨戶「說春」。春官到說春之家，要發木刻春帖。木刻春帖上印製有二十四節氣、財神等文字和圖像，敘說「春詞」，講解農事節氣、耕讀漁樵等等農耕文化內容。然後把春帖交給主家，囑咐其「拿去貼起風調雨順，五穀豐登」。主家備香紙、酬金、麻線或五色線，讓春官為主家帶走「五瘟」。甘肅的說春傳承人說：「以前說春，專門有人管哩，誰拿版子，誰印，在哪兒匯合，都嚴格得很。因為，我們說春，不光是把大家惹著笑一下，這是送節氣哩，今年啥時間立春，啥時間開始春種，啥時間清明，只有我們這個春牛圖上才能說清楚。(唱：一年二十四節氣，春官給你說仔細；正月立春陽氣轉，雨水一過無雪天。二月驚蟄響驚雷，農人春耕緊跟隨……立冬十月天氣冷，小雪白菜收進門。十一月大雪滿天揚，冬至數九加衣裳。十二月小寒結白冰，大寒一過又立春……」〔註2〕

說春的祭臺。貴州非物質文化遺產博覽館，2019，鄧啟耀攝

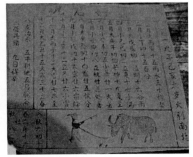

說春的「春帖」。貴州非物質文化遺產博覽館

〔註2〕訪談對象：李文生等春官，訪談地點：甘肅禮縣龍林村，訪談時間：2014年除夕，訪談人：紀錄片《春官》攝制組。

送春牛

送春牛。貴州臺江〔註3〕

新春大吉、天下太平

新春大吉、天下太平。陝西西安〔註4〕

---

〔註3〕本圖採自宋兆麟:《圖說中國傳統二十四節氣》,世界圖書出版公司 2007 年版,
　　　　第 39 頁。

〔註4〕兩圖採自宋兆麟:《圖說中國傳統二十四節氣》,世界圖書出版公司 2007 年版,
　　　　第 37 頁。

## 2. 夏禱

夏禱多在立夏日或端陽節舉行，那時青苗正長，祈禱不澇不旱，無蟲無災。

歷史上記載的著名夏禱，是「湯禱」。基於一種「天人感應」的觀念，人們認為，大地久旱不雨，是上天的懲罰。而最大的責任人，就是「君權神授」的君主，君主有錯，才招致天譴。所以，為了懲戒，大酋長湯和他的族人，都認為只有把他燒了祭天才能表達誠意。而在點燃祭壇之火時大雨傾盆，說明湯非昏君，世間的罪愆已經得到上天寬宥。

在尚未使用農藥的傳統農耕社會，蟲害是農民最頭疼的災害。特別是蝗災，對莊稼的禍害幾乎是毀滅性的。古代蝗災，幾年即爆發一次，古籍多有記載。《禮記·郊特牲》述：「八蠟（臘）以記（祀）四方。四方年不順成，八蠟（臘）不通。」鄭玄注：「四方，方有祭也。臘有八者：先嗇一也，司嗇二也，農三也，郵表畷四也，貓虎五也，坊六也，水庸七也，昆蟲八也。」祭辭曰：「土反其宅，水歸其壑，昆蟲毋作，草木歸其澤。」〔註5〕歷代以來列為國家祀典的八臘大祭，其中之一即為祭蟲。直到現代，北方有的地區，還專設有蝗神廟、蟲神廟等。在南方，蝗蟲也作為必祀的神靈，出現在民俗祭祀用紙符上。大理白族立夏節、麗江納西族立夏節、彝族火把節等，都有驅蟲除害、消災祛難的活動。在廣東省東莞市漳澎村，有一類符籙的功能是驅蟲，這種符籙為黃色長紙條，多數是在五月五日端午節時求回來的，在惡蟲橫行的嶺南地區相當常見。

還有一種「蟲」是蠱蟲。傳說，端午是一年中陰陽交會的時間節點，這個時候的動物和植物都會具有非同尋常的特性。這天採到的藥有奇效，雲南大理地區還要在這一天開「端午藥市」。傳說，製蠱的人也會在端午這一天，上山尋找蛇、蠍、蜈蚣、馬蜂、癩蛤蟆等毒物，用它們製作蠱藥。

### 男十忙

民謠說：「芒種忙忙栽，夏至穀懷胎」。芒種的栽插的關鍵節令，故有的地方的年畫寫為「男十芒」。本圖題記寫道：「人生天地間，莊農最為先。開春先耕地，種摟把種翻。芒種割麥子，老少往家擔。四季收成好，五穀豐登年。」

---

〔註5〕（漢）戴勝：《禮記正義》，鄭元注，孔穎達疏，見《十三經注疏》影印本下冊，中華書局1980年版，第1454頁第一、三欄。

男十忙。山東濰坊〔註6〕

## 女十忙

民謠說：「芒種芒種，樣樣都忙」。男忙耕，女忙織，是中國傳統小農經濟的理想模態。男人在外勞作，女人居家紡織，育兒敬老。

女十忙。山東濰坊〔註7〕

〔註 6〕本圖採自宋兆麟：《圖說中國傳統二十四節氣》，世界圖書出版公司 2007 年版，第 97 頁。

〔註 7〕本圖採自宋兆麟：《圖說中國傳統二十四節氣》，世界圖書出版公司 2007 年版，第 97 頁。

### 蝗蟲

在有蟲災時祭獻焚化送走。祭時舉火焚之，稱「燒蝗」。雲南彝族、白族六月過「火把節」，也要燃炬照田，以此驅蟲。或以蝗蟲為神蟲，河北棗強一帶農民「呼蝗為八蠟，以為神蟲，每飛過境，則焚紙錢祀之。」〔註8〕

蝗蟲。雲南巍山

蝗蟲。雲南巍山

### 蟲神

祭祀蟲神多在六七月間，據說是蟲神的生日。東北六月六日為蟲王祭，北京六月二十二日為蟲王生日，都要設祭。

蟲神。雲南大理

蟲神。雲南玉溪〔註9〕

### 赤子三爺

在大理地區民間傳說中，赤子三爺原為水神和蝗神，被大理壩子的很多村子奉為本主。

---

〔註8〕《棗強縣志》，引自陳正祥：《中國文化地理》，三聯書店1983年版，第51頁。
〔註9〕本圖採自趙寅松、楊郁生主編：《中國木版年畫集成·雲南甲馬卷》（集成總主編馮驥才），中華書局2007年版，第370頁。

赤子三爺。雲南洱源

## 3. 秋報

　　古代奉神農為五穀先帝、五穀王等，是神話傳說中著名的農事之神。多於秋收時祭祀。而民間把田公地母和五穀太子合為一家，倒也是一種合乎邏輯的經驗之談。其上的太極和星斗，亦有時空意象。嘗新節（又叫吃新節、薦新節、新米節等），幾乎所有農業民族都有，一般在農曆八月（中秋節也有嘗新的意味）秋收後。有的在收穫小春作物後過嘗新節。

　　**場神**

　　秋收打場，要祭場神和場公場母。從圖像中驢拉碾子的描繪看，似為北方秋收情境。

場神。〔註10〕

---

〔註10〕本圖採自宋兆麟：《圖說中國傳統二十四節氣》，世界圖書出版公司 2007 年版，第 144 頁。

場公場母

場公場母。〔註11〕

五穀之神

五穀神王。雲南大理　五穀之神。雲南大理　田公地母五穀太子。雲南昆明。

## 4. 冬養

　　鶴慶白族則依古老的傳說將冬至節改成了「祭鳥節」。相傳，鶴慶白族原來不會種莊稼，後來林音山神的二十四個兒子，變成了二十四隻候鳥（二十四節氣的象徵），呼喚人們按時耕作收藏，人們才知順應天時地象，種出莊稼，過上了好日子。於是，人們便在候鳥南遷之時，將炒好的蕎粒、燕麥粒拋灑房前屋後，讓鳥兒啄食。在人們眼中，這些鳥兒已不是一般的動物，而是農神的化身或使者。

---

〔註11〕 本圖採自宋兆麟：《圖說中國傳統二十四節氣》，世界圖書出版公司 2007 年版，第 144 頁。

## 蟲王

過去各地農村均有蟲王廟，祀劉猛將軍為蟲王。為答謝他驅蟲之功，農村每年農事完畢，在農曆十二月設祭。

蟲王。雲南晉寧〔註12〕

## 十二月採花名歌

十二月採花名歌。江蘇桃花塢〔註13〕

〔註12〕 本圖採自趙寅松、楊郁生主編：《中國木版年畫集成·雲南甲馬卷》（集成總主編馮驥才），中華書局2007年版，第370頁。

〔註13〕 本圖採自宋兆麟：《圖說中國傳統二十四節氣》，世界圖書出版公司2007年版，第79頁。

# 三、年歲

舊歲新年交替在物候變化上最明顯也最常見的，是以冬春換季為轉折點。在萬物開始復蘇的春天「過年」，所以不少民族把新年叫「春節」。

無論什麼民族，使用什麼曆法，都對那周而復始，冬去春來的年歲交替之時十分關心。無論古今，不分貧富，在辭去舊歲時，皆對新的一年寄予希望和祈祝。在這個新舊交替的時間節點，一歲的開元初旦，自然和人為的一切物象，人們的一切行為，都具有了象徵意義，彷彿徵兆著全年的吉凶福禍。

雖然不同民族有不同的計算年歲交替的時間，不過在中國，比較普遍的情況是把農曆正月初一視為「歲之元，月之元，時之元」的「元旦」。《晉書》：「顓帝以孟夏正月為元，其時正朔元旦之春。」〔註14〕宋代吳自牧《夢粱錄》：「正月朔日，謂之元旦，俗呼為新年。一歲節序，此為之首。」〔註15〕

各民族過年習俗紛繁多樣，但有一點是共同的：都離不開辭舊迎新、祈年祀歲這一傳統的祝願。

## 1. 除夕：掃塵辭舊

「相傳，『夕』原是太古時代的一種怪獸，每屆寒冬將盡、新春將臨之際，便四出噬人。古人為防禦『夕』的掠食，便聚集在一起，燃起篝火，投入竹子使其爆裂出巨響，把『夕』嚇跑。既然『夕』怕火光、爆響，人們每逢除夕便貼紅對聯、燃放爆竹，在燭火通明中聚集守更待歲。於是，便形成吃團年飯與除夕守歲的風俗。傳說在遠古時代，『年』是種非常兇殘的動物，長期生活在海底，每到除夕夜就成群出來覓食，所到之處人畜無一幸免。所以，每到除夕夜前，住外打獵的親人都爭相回家與親人團聚，躲避這場災難。人們利用『年』怕火、怕紅色、怕響聲的弱點，在除夕夜穿起紅衣裳，家家貼上紅對聯，燃放爆竹，於是『年』便逃之夭夭。」〔註16〕

除夕辭舊的方式是掃塵除穢，從裏向外清掃舊塵，驅趕非物質的不潔之物，只出不進。還要掛桃符（或桃花），貼神荼、鬱壘像把守家宅門口，或以各種避邪物鎮之。後來演化為貼春聯和門神等年門畫，成為「中國年」的一個

---

〔註14〕（唐）房玄齡等：《晉書》，見上海古籍出版社、上海書店編：《二十五史》第二卷，上海古籍出版社、上海書店1986年版。

〔註15〕（宋）吳自牧：《夢粱錄》卷一「正月」條。上海古典文學出版社據《知不足齋叢書》本校點排印，1956年版。

〔註16〕厲彥林：《又到春節：全球共相歡》，《人民日報》2010年02月10日。

標誌性傳統習俗。凡大門、堂屋門、臥室門、廚房門、糧倉門、牲畜廄門，逢門必貼。

拉祜族年前清掃寨椿前的場地和整個村寨。1993，雲南省瀾滄拉祜族自治縣，鄧啟耀攝

過年洗塵，人們舉家到露天溫泉沐浴，不避男女。1994，雲南省怒江傈僳族自治州，周凱模攝

貼在大門的門神和春聯，所有房門也都貼春聯和福字。雲南巍山東山鄉啄木朗村，2012，鄧啟耀攝

　　除了可見的污穢，還要祛除不可見的污穢。新舊年交替之時，也是邪靈最容易侵入的時候。滇西一帶，這個時候要偷偷舉行一些法事，把邪靈送走。法事需要焚化的紙符有太歲、冷壇七寶、天狗毛煞、瘟神、喪車、七煞、口舌是非等，同時要迎紅紙和綠紙印的和合喜神。

　　儺祭是古代最為常見的祛逐方式，它的主要形式是戴面具的戲劇表演，稱為儺戲，並已經成為春節習俗的重要內容。中國傳統文化觀念認為，陰寒之氣和陰穢之人同構，可擾亂人事影響國運。《禮記·月令》篇中有「命有司大儺

旁磔，出土牛，以送寒氣」的記載。孔穎達疏：「《正義》曰，此月（季冬）之時，命有司之官大為儺祭，今儺去陰氣，言大者以季春唯（為）國家之儺，仲秋唯（為）天子之儺，此則下及庶人。故云大儺旁磔者，旁謂四方之門，皆披磔其牲，以攘除陰氣，出土牛以送寒氣者，出猶作也。此時強陰既盛，年歲已終，陰若不去，凶邪恐來歲更為人害。」〔註17〕值得注意的是，從漢代起，儺祭成了春節習俗的重要內容，並一直延續到唐宋時期。儺祭是從裏向外的驅趕，驅趕之後在門口置避邪物，如掛桃符、葦戟，設神荼、鬱壘像，這便是後世貼對聯、門神的由來。驅儺往往通宵達旦，又形成後世的守歲習俗。儺祭的目的是驅鬼逐疫，祈儔豐年。宋代以後，儺祭在春節習俗中消失，也在中原地區消失，但卻保留在西南和南方一些民族中。寺院儺是藏傳佛教吸收本教信仰而形成的宗教文化，只有鄉儺和軍儺中有戲劇表演。而且有些所謂的儺戲，至今仍留在儺舞階段。如貴州威寧彝族中流行的「撮泰吉」就是典型的儺舞。「撮泰吉」儀式有它具體的時間和特定的含義，是配合每年陰曆正月初三至十五的「掃火星」習俗展開的，是以巫術與占卜驅災除邪，迎光輝，奪豐收。至於「撮泰吉」的內容，則表現彝族神話中的文化創造和遷徙故事。〔註18〕另外，藏區的寺院儺，是藏傳佛教吸收本教信仰而形成的宗教文化；雲南澄江的「關索戲」、貴州屯堡的「地戲」、廣東化州的「跳花棚」、湛江的「考兵」、普寧的「英歌舞」，都有儺祭性質。

　　雲南雙柏縣法脿鄉小麥地沖彝族驅邪的方式是「跳老虎」。每年農曆正月八日，彝族祭司「畢摩」帶人到村西頭的石閘門舉行接虎神儀式。接到虎神，由幾人用羊毛氈毯為虎飾，披在身上，繪面塗身，描繪虎紋，化妝成老虎，家家戶戶驅趕邪穢。十五日「八虎拜年」，為「斬掃禍祟，送虎東歸日」。

　　滇中地區過年時，家家戶戶都會請鄉村「花燈」或「關索戲」進家驅邪。表演者裝扮成古代武士及各種戲劇人物，手持各種兵器，敲鑼打鼓到各家各戶繞行驅邪。

　　儘管儺祭是公開的民俗活動，但舞者都要戴面具、繪臉或化裝為古人。為什麼呢？除了扮成諸神或傳說中的英雄好漢模樣，借力打鬼，可能還有一層保

---

〔註17〕　（漢）戴勝：《禮記正義》，鄭元注，孔穎達疏，見《十三經注疏》影印本下冊，中華書局1980年版，第1383頁第三欄。

〔註18〕　陶立璠：《中國儺文化的民俗學思考》，原載臺灣《民俗曲藝‧中國儺戲‧儺文化專集》，1990年；收入《中央民族大學建校40週年學術論文集》，中央民族大學出版社1991年版。

護舞者的意思。舞者畢竟是凡人，在明處，陰穢小人在暗處。舞者為民除害，難免得罪這些東西。

由人表演的儺祭，也會圖像化為繪畫或木刻的神像。民俗雕版木刻中的年門畫，與此功能相同。

每逢春節，雲南華寧縣村民就要請來農民花燈戲班，晚上演戲，白天挨家驅邪求吉。2002春節，雲南華寧縣，鄧啟耀攝

### 送歲符

送歲符符上聯書：「舊官請出福祿來，新官上任招財帛」。這當然只是老百姓的一廂情願。

送歲符。雲南大理　　送歲符。雲南大理

## 2. 守歲：熬年換壽

　　對於不少中國人來說，每年總有個時間，要去擠飛機，擠火車，為的就是回家過年。即使買不到票，也要駕著摩托，迎著寒風浩浩蕩蕩回家。前些年的春運，已經成為世界聞名的中國奇觀。

　　為的什麼？就為在年三十之前趕回家中，拜祭過祖先，全家吃團圓飯，歡聚酣飲，共享天倫之樂。飯後，哪也不去，點亮所有房子的燈燭，稱「照歲」「點歲火」「照虛耗」或「燃燈照歲」等，象徵來年紅紅火火，家中財富充實。全家老小歡聚一堂，談笑暢敘，唱歌、打麻將、看電視。待 12 點一過，新年鐘聲響起，在允許放鞭炮的地方，鞭炮立刻響成一片，漫天煙火；不能放鞭炮的城市，也要鬧騰一下，有的地方政府遵風隨俗，還會放些禮花，讓大家樂一樂。鬧騰完，不少人一宿不睡，玩個通宵達旦。習俗稱此為「守歲」或「熬年」。

　　也有傳說，海裏有一種惡靈叫「年獸」，每歲末之夜就要出來傷害人畜。紫微星知道年獸怕紅、怕光、怕響聲，就用火球擊倒年獸。所以，每到年末之夜，人們就要在門口貼紅聯、門神或「紫微高照」的紙符，讓燈火通明，鞭炮響亮，以此驅邪。

民居門頭的祈福紙符。廣東清遠，2012，鄧啟耀攝

　　而在少數民族地區，「年」又有各種說法。其中，滇川交界處的摩梭人守歲換壽的習俗十分有趣：

## 田野考察實錄：雲南寧蒗摩梭人換壽

滇川交界處的摩梭人在農曆臘月三十日晚上，年滿 13 歲的少男少女要由母親或舅舅給她（他）們洗淨全身，收拾打扮，請來達巴念經，親朋好友也登門祝賀。然後，同一村寨的孩子們集中在一起，男孩由成年男子和男性長老率領，女孩由成年婦女和女性長老率領，分別集中到剛剛換過風馬旗的木楞房，一起守歲。守歲時不得睡覺，長輩們一夜給他們講故事說規矩，因為這關係到換年和換壽這樣的大事。傳說：

> 在一切不死不生的創世時代，人和動物才剛剛出世，人獸雜處，沒有什麼生死倫常之序。人和萬物沒有壽限，到處是老人老事物，活得無聊，活得越來越不耐煩。天神阿巴都覺得這樣不行，天要換年歲，人獸也要有個壽歲。於是，天神決定在新舊年交替的時候，給天下萬物定壽歲。他選擇年終的最後一天夜裏，在新年來到時按應答先後「給命」。天神說：「我宣布壽歲的時候，誰答幾歲，就活幾歲。」

> 年歲交替的時刻是在夜裏。我們摩梭人的祖先曹直魯耶貪睡覺，沒有守歲。所以，天神爺叫一千歲時，他沒聽見，夜行的雁鵝（天鵝）「啊！哦」應了一聲，這一千歲就被雁鵝得去了。天神爺又叫一百歲，黃鴨答應了，黃鴨便可以活一百歲；天神爺叫六十歲，狗答應了……這樣一直喊下去，天神爺叫到十三歲，這貪睡的祖先曹直魯耶才迷迷糊糊哼了一聲。人醒來，壽歲早已分完。曹直魯耶很懊悔，覺得 13 歲又活得太短了，很不情願，就去找天神吵。天神說沒有辦法，所有壽歲都各有其主了，你想活得長，就去找其他動物換壽歲吧。人去找了很多動物，它們都不願換。後來，天神幫他說話，和狗商量，狗可憐人，答應與人換壽歲，條件是讓人養起。從此後，人才能活六十歲，而狗只能活到十三歲。天神為人和狗換過壽歲後，囑咐人：「狗的壽命換給了人，從今以後，人不能用腳踢狗，不能用掃帚打狗，不能用開水燙狗。要用頭酒敬給狗，拿好茶給狗喝，大年三十晚上吃年飯時，首先要給狗敬飯。記住，你們人啊，一定要這樣報答狗。」

> 人命是用狗命換來的，要不人就只活得十三歲了。人現在能活六十歲，是狗換給、神賜給的，十分神聖。為了讓人永遠記住這事，

每到換年之際，人要守歲。等舊歲過去，新歲開始的時候，凡滿十三歲的女娃娃男娃娃，都要脫去舊裝，換上新衣，表示活完了人的十三歲，開始活狗換給的壽歲。由於狗對人有恩，所以人不能打狗，要一輩子養著狗，敬狗。每年大年三十的時候，首先要給狗敬酒敬飯。頭酒頭飯、好茶好肉，都先給狗吃，向狗叩頭，說些感謝的話。狗吃飽了，才輪到人吃。由於狗的壽命換給了人，所以，我們摩梭人每到13歲，天神賜給的人壽過完，開始過狗壽的時候，就要做一個換裝儀式，女孩子換裙子，男孩子換褲子。舉行過穿裙子或穿褲子禮的人，就算成年了。〔註19〕

按規矩，女孩需回到正房，喚狗進屋，餵它一團飯，一塊豬膘肉，對狗說：「人只能活十三歲，狗能活六十歲。我們換了歲數，人才能長命。我們很感謝你！」人命既然是用狗命換來的，每年大年三十的時候，首先要給狗敬酒敬飯。頭酒頭飯、好茶好肉，都先給狗吃，向狗叩頭，說些感謝的話。狗吃飽了，才輪到人吃。

大年初一給滿十三歲的孩子舉行換裝儀式，表示已經過了人原有的壽歲，開始過狗給的日子。這是人修改時間的故事。

## 3. 新年：迎吉除煞

### 正月初一：迎新

迎新主要迎吉神。福祿壽喜、財源茂盛，是中國老百姓的普遍需要。民間普遍認為水為財，所以很多民族都有新年第一天接新水、搶新水的風俗；到寺廟裏燒頭香，也是一種風尚。據說年初五是財神爺的生日，但接財神自然越早越好。所以財神（包括招財童子等）、祿神、喜神和壽星的年畫，也是新年最受歡迎的神靈之一。

### 年門畫

貼春聯和年門畫是中國年的標誌性活動。大紅的春聯，寫滿了吉祥的話；威風凜凜的門神，保護著家宅的平安；各式各樣的年畫、剪紙、大紅燈籠，更是把家家戶戶的門裝點得喜氣洋洋。大年初一開門很有講究，要說一些招財進寶之類的話。為了做到「只進不出」，有的地方，連垃圾也忌諱在這天倒

---

〔註19〕講述人：「達巴」翁爭（摩梭人，49歲），翻譯：農布（摩梭人），講述地：泥鰍溝中村，講述時間：1981年1月，採錄人：鄧啟耀。

出門。在農村，人們要請戲班來演戲，請他們敲鑼打鼓進家門，增添喜慶，驅走邪穢。

門神。河南開封朱仙鎮年門畫。開封博物館年畫展廳展品

門神。河南開封朱仙鎮年門畫。河南開封博物館年畫展廳展品

這家人，過年除了門神和春聯，還貼有畫了符咒蓋
了印章的黃紙符籙。廣東清遠，2012，鄧啟耀攝

門神與出入平安符。雲南巍山，
2001，鄧啟耀攝

因為是祖屋，即使已經破敗，過年還是要貼門神和春聯。廣東清遠，2012，鄧啟耀攝

摩梭人家的門神和風馬圖符，漢藏交融。雲南寧蒗，2001，鄧啟耀攝

新年門畫。1946～1948，李寸松（疑）作

蓮年有魚。河南開封朱仙鎮年門畫。開封博物館年畫展廳展品

## 過年紙

　　除了常見的年門畫，雲南民間還會配24張一套的「過年紙」，主要包括一年中關乎基本生計的主管神祇，如灶君、家堂、水草廐神、子孫娘娘、財神、招財童子、喜神、出行、阿（女否）之神〔註20〕等，兼顧可能涉及的各方大神，如天地、龍君、龍王、善神等。大理地區白族有關「過年紙」的使用方法是：臘月三十晚上過年前，在家畜廐裏焚燒或張貼水草廐神；每月初二、十六和招財童子、阿（女否）之神一起燒。

─────────────

〔註20〕「阿（「女否」為女否合體字，音 pi）」是打牙祭（聚餐）的神。

財神。雲南巍山

招財童子、利市仙官。
雲南巍山

喜神。雲南巍山

鴨忌。雲南芒市

鴨祭。雲南保山

## 正月初三：赤口、踩小人、逐陰穢

中國南方民間過去在大年初三是「赤狗日」，赤狗為熛怒之神，是古代讖緯家所謂五帝之一，即南方之神，司夏天。俗以為是日赤熛怒下，遇之不吉。所以，只要在家過年，家人一定會準備一雙新鞋，讓穿上，口中念：「穿新鞋，踩小人！」年貨攤上也專門有賣這樣鞋的攤點，可見有市場。但此市場反證了彼市場，也就是小人很有市場。嫉妒、誣陷、告密，這類人性之惡，泛濫在各個領域，使社會的道德的水準，一再下滑。國人無奈，只好依老古輩教導，過年穿新鞋，踩小人，或者跳大神。

初三早上，人們還要用約長七八寸、寬一寸的紅紙條，畫一些符，在門口貼「赤口」（禁口），免生口角。粵港澳地區有「小人」紙和專門的「打小人」儀式（詳見第十章「田野考察實錄：華南驚蟄『打小人』」）；雲南民俗雕版木刻「紙馬」中專有「口舌」「口舌是非」紙，亦有仙人和神鳥（形似位居南方的方位神護衛神朱雀）驅趕小人的描繪。

穿新鞋，踩小人，年貨攤專賣。2003，昆明官渡，鄧啟耀攝　「小人紙」。廣東番禺

口舌。雲南保山　　　　　　口舌是非。雲南保山

對於這類不可知又無處不在的陰穢鬼祟之物，穿新鞋踩小人或請社稷神收拾小人，是最低調最阿 Q 的辦法。民間聲勢浩大的公開祛逐方式是儺祭，它的主要形式是戴面具的戲劇表演，稱為儺戲，並已經成為春節習俗的重要內容和中國非物質文化遺產保護項目。

正月初五：五路虛空往來的未知之靈

初五，據說要迎祀五路神（又稱路頭神）。有說是五祀中之得神，或東、西、南、北、中五路財神，也有認為五祀即迎祀戶神、灶神、土神、門神、行神。

無論是什麼神靈，只要是五方財神或掌管門戶之類的好神，多來無妨。

　　中國傳統宗教信仰的一個重要特色，是具有濃厚的實用主義、物質主義取向。所以，財神成為最受歡迎的神祇。除此之外，還衍生出來自「五路」的系列性財神，如招財童子、利市仙官、文武財神、財公財母、增幅財神、玄壇趙元帥、增幅積寶財神、財龍等等。

招財進寶。雲南昆明

　　雖然過年只能說正能量的吉利話，但現實是，負能量的東西不會因為我們過年而放假。比如新冠先生就讓很多喜歡到處過年的人只能呆在家裏，比如那位出門尋親卻尋到鬼門關的少年，比如那位被鐵鍊鎖著被迫生了八個孩子的姑娘……這些事真讓人心堵──21世紀了呀！要什麼樣的鬼才幹得出這樣的事！

　　打開房門，四處張望，心裏明白，五路虛空中來來往往的，不僅僅只有財神。那少年，那女孩，還有不計其數的人，不就是某天出了門，就被消失在五方之路了嗎？

　　由此想起另外一些藏匿在五方之路中的鬼魅，時下的媒體不會提它們，但民間卻防了它們幾千年。它們的惡名很難公諸於世，但它們的惡行卻無處不在。

五路之神。雲南巍山　　　　五道猖王。雲南保山　　　　五方五路。雲南大理

五（鬼）。雲南騰衝　　　　虛空過往之神。雲南大理

### 正月初六：送窮求富

初六是馬日，當牛做馬窮苦，所以習俗在這一天要「送窮」。送窮的願望是求富，勞動人民求富靠的是省吃儉用一點點積攢。由於過年的一切都關乎一年時運，所以，年初一到初五接五路神期間，按民俗習慣，不能倒垃圾，甚至不能清理廁所，以保證「肥水」不外流。直到初六，方可清理垃圾糞便，祭拜廁神，稱為「挹肥」。順帶在垃圾袋裏塞幾個紙剪的小人，寫上「一切小人遠離」，和垃圾一起倒掉。

三大廁神：紫姑、三霄娘娘、戚姑

### 正月初七：人日還是「七煞日」

初七是人日。這天是晴是陰，關係重大。

《遼史》記錄了相應的習俗：「人日……其占，晴為祥，陰為災。俗煎餅

食於庭中，叫『薰天』。」〔註21〕《荊楚歲吋記》載：「正月七日為人日，剪綵為人，或鏤金薄為人，以貼屏風，亦戴之頭鬢。又近造華勝以相遺。」〔註22〕

雖說人日是人的生日，但人與生俱來即福禍相伴。民間對「人」或人的境遇應該早有認知。傳說，女媧創世，造世上生靈萬物，第一日造雞，二日狗，三日豬，四日羊，五日牛，六日馬，七日人。各地民間，說法雖有差異，但都把正月初七日列為人日或「人日節」（如雲南祥雲縣祥城鎮存德村委會白龍潭自然村的傈僳族正月初七過「七人節」，舉行上刀杆、唱歌、對調、打跳等活動）。人日需要安頓身心，休養生息。但人日如人，不是只有喜慶吉祥，也有陰霾禍穢。民間俗信認為，正月初七這一天，是關係到人安危禍福的重要日子。古人以這天的陰晴，來占卜新的一年人的凶吉禍福。傳說，若這日天晴，代表人身安適；若陰雨，則疾病瘟疫生。〔註23〕所以，人日的另外一面又稱「七煞日」或「七殺日」。

雲南民間雕版木刻「紙馬」對此亦有描繪。雲南人認為，殺神或煞神有多種，有天殺、地殺、木殺、七殺等。「七殺」是七個穿官服的傢伙，雖然道貌岸然，其實殺氣很重。騰沖的殺神長著蝙蝠一樣的翅膀，鳥嘴禽爪，抓住一個人正欲下手。

七殺紙馬。雲南大理　　　　　七殺。雲南騰沖

〔註21〕（元）脫脫等：《遼史》。見《二十五史》影印本第9卷，上海古籍出版社、上海書店1986年版。

〔註22〕（南北朝）梁宗懍撰：《荊楚歲吋記》，嶽麓書社1989年版。

〔註23〕李玉臻主編：《中華民俗節日風情大觀》，黑龍江人民出版社2005年版，第362頁。

## 正月初八:「躲春」和「順星」

正月初八眾星下界,傳說犯太歲的人要「順星」。如果春節和立春湊一起了,民間就有「躲春」之俗。躲啥?也是躲太歲。太歲是時間之神,掌管一年運程吉凶。

太歲。雲南騰沖　　　　　　　　當生本命星君。雲南巍山

星座與人的命相相聯繫,是世界上很多文化都有的信仰。中國人認為星象和人的生肖及時運有關聯,以十二生肖屬相確定的本命年,是個人人生的時間節點,很容易發生一些不好的事,小的惹口舌,大的有病災,民間將其稱為「犯太歲」。俗話說:「本命年犯太歲,太歲當頭坐,無喜必有禍。」到本命年這個關口時,要特別小心,故有類似「順星」的個人秘密儀式悄悄舉行。如果討了姑娘(娶媳婦)沒有小孩,是衝撞到狠太歲了,也要祭獻。這叫「順星」(也稱「祭星」「接星」)。所謂「順星」,即順正當事人的命運之星。

傳說正月初八是眾星下界之日,正是理順關係的難得機會。遇本命年或命相犯太歲的人,要在本命星前拜一下以求平安。簡單的做法是在本命年穿紅,用一根紅線穿在手腕上、脖子上,或是繫在腰上。如果多災多病或有不好的預示,就要舉行「順星」儀式。儀式用兩類碼子(民俗雕版木刻),一類是星科、朱雀、玄武等,另一類是本命星君、太歲、替身、解結等,放在祭壇和門柱上受祀。

雲南雙柏縣法脿鄉小麥地沖彝族在正月初八,要舉行「跳老虎」驅邪的儀式。這天,彝族祭司「畢摩」帶人到村西頭的石閘門舉行接虎神儀式。接到虎神,由幾人用羊毛氈毯為虎飾,披在身上,繪面塗身,描繪虎紋,化妝成老虎,

家家戶戶驅趕邪穢。十五日「八虎拜年」，為「斬掃禍祟，送虎東歸日」。化裝
「跳老虎」祈吉驅災，是虎節的主要內容十分顯然，這個活動，至少與古代以
虎御鬼辟惡、鎮壓禍祟的「驅儺之禮」是相關的。在漢墓壁畫中，虎神「強良」
作為打鬼吃妖的「十二神獸」之一，立於門旁。虎節跳虎並逐戶驅掃邪祟，以
及在門頭縣掛虎頭「吞口」辟邪的習俗，當與古代儺祭相關。

「跳虎」的扮演者。雲南省雙柏縣，1993，鄧啟耀攝

## 正月初九：天日祭天

正月初九是天日，很多地方要祭天。有的民族以玉皇大帝為天，稱「天公
生」；更多民族心目中的天與自然相關，祭祀時間也有所不同。

納西族俗話說：「納西祭天大」，祭天是納西族最重要的一種節祭活動，是
東巴教中民俗性大道場隆重的祭典之一。「納西美布諾諾」，意為「納西人是祭
天的子民」，他們將祭天視為民族標誌。

祭天有春祭和秋祭。春祭在正月，稱大祭天，時間為一天；秋祭在七月，
稱小祭天，時間也是一天。有的地方又有白祭、黑祭兩種祭天方式。祭式複
雜，各地納西族祭法各不相同。但有一些是共同的，即在祭壇插代表天、地、
人三界的黃栗樹枝和柏枝、立石、焚香、獻祭等。由東巴主持道場，念誦經
典。

　　祭天有祭天場，前述那個形如祭壇的山頭和神樹即為祭天場聖地。祭天場方向朝北或西北，祭壇左右插黃栗青岡樹，象徵天神地祇；中央插柏木樹，象徵中央許神。祭品有香、米、酒等物。祭天時要撒松毛、插祭木，安神石、放祭品。燃香、殺牲等。祭天的目的是祈年求豐，消災除邪。

　　東巴經《崇搬圖》，敘述了祭天的來歷和儀式：納西族始祖崇仁利恩和天女襯紅褒白命結合後，不會生育。原來，凡想生一個男孩，須由父神見賜，父神不啟口則不能生男。想生個女孩，也須母神啟口，母神不答應就不會生女。崇仁利恩九日請巫師看徵兆，襯紅褒白命七日請巫婆占卜卦課。乃使精褒精魯（蝙蝠使者）和腎猛呢固（天狗使者）去打聽。精褒精魯躲瓢藏在父神知勞歐普家的綠石掛梁上打聽，腎猛呢固躲在大門背後打聽。母神襯紅歐祖說：「知勞歐普你呀，崇仁利恩就像我們的兒子，襯紅褒白命也是我們的親生女兒，是我們身上的膏油，我們身上汗垢呀。」父神知勞歐普說：「當用羅多地方的黃栗樹做祭天木。凡由天上遷徙來的種種家畜已到畜神之前，天上遷來的穀種已到谷神之前，天上遷來的人種已到和神之前，父神善賜子男喜，母神善賜子女喜。」蝙蝠、天狗使者聽到後把消息告訴地上的兩人，他們就用羅多產的黃栗樹做祭天木，做最甜的天酒，獻最淨的人米，又燒白天香，把恩金司的公雞禳解口舌是非，用公牛眼眶黑的為犧牲，黑豬四蹄白的作祭品。天被祭，天亦晴；地被祀，地亦寧。在天地中央用柏樹來頂天，天已開，地已闢。祭天這禮由地上祭，而天享之。天上出太陽，暖暖照地面；今年幸有男，喜之徵兆來；今年幸有女，喜之徵兆來。凡住天下的人，似天上繁星；地上住的人，似地面芳草。生出恩恒三兄弟來，但三兄弟不會說話，斷絕了的線不能接上。又叫蝙蝠、天狗二使者到天國問父神，孩子如何會說話。父神說：你們連祭天之禮也不懂，祭木也不會插，神石也不會安，白香也不會燒，醇酒也不會獻，米也不會獻，該用羅多產的栗樹為祭木，啼聲清脆的公雞禳解天之凶神。祭後，三個小孩會說話了。

　　納西族的祭天，就是根據東巴經所述的父神啟示來行祭的。

　　雲南麗江下束河村的一座舊寺廟，是我們曾參與支持的鄉村東巴文化傳習的場地。這寺廟叫興化寺，建於清朝初年。建這寺廟的原因與村寨前方的大山有關。村裏的老人說以前下束河不出人才，因為村前這大山像隻鳳凰，剛好鳳頭伸向村裏，吃了村裏的福氣，必須在鳳凰山的風頭處蓋座寺廟，將鳳頭釘

住，下束河才會興旺，才會出人才。現在，村裏自發辦了一個東巴文化傳習學校，老師是幾位年過七旬的老東巴，儀態威嚴但內透慈祥，總是握著一根沉甸甸的木杖，杖頭上雕刻著一些陌生的神靈。自願報名的年輕人由老東巴教授古老的象形文字「東巴文」，口傳身授一些傳統儀式，如東巴舞、舉行各種祭祀儀式等。

　　寺廟後坡上有棵千年刺柏樹，在村民心中，那是至高無上的神樹。村民將神樹視為鳳凰山的鳳冠，而鳳凰山與村民們的農事生產和生活有著至關重要的聯繫（至少在觀念中是如此）。老人說，鳳凰的左翅叫「木都直」，意思是「頂大山」，此山與其他山不同，山頭是平的，有塊大石頭，像個神壇。每當連連下雨田裏莊稼被淹時，村民就要請老東巴去頂大山祭天（他們叫「頂天」），祭天時燒堆大火，上面放些青枝捂出濃煙，老東巴口念祭詞，其餘人吹牛角，敲銅鑼（在現代敲臉盆也可以）。他們說每次祭過以後天就晴了，很靈。所以「文化革命」中什麼都打倒，但「頂天」不能打倒，因為生產要靠它，關係到莊稼的豐收，作為鳳冠的神樹更不能亂動，千年老樹就這樣保護下來。可以說，神山神樹概念是納西民族天然生成的環境保護意識，它對生態保護有利，對文化傳承也有利。村長和老東巴說將舞譜學校的東巴神壇建在神樹旁，可以借助神樹的「神力」，保護學員們將東巴儀式好好繼承下來。

海螺，是東巴法器，吹響了它，邪靈就不敢來了。雲南麗江，1997，鄧啟耀攝

下束河村頭的祭天神樹，護佑著下方的村莊。雲南麗江，1997，鄧啟耀攝

大梵天宮。雲南昆明

### 正月初十：「開燈」

初十丁日，要「開燈」（有的地方是初七人日開燈）。所謂「開燈」即「添丁」的諧音。生了男孩的人家，要過「開燈節」。男孩的父母和爺爺奶奶，帶男孩到祠堂燒香磕頭，祭拜祖先，告知血脈相承的消息。

廣東地區的開燈節，做得比較隆重，要舞獅、打大鑼鼓、唱粵劇等。這一天，生有男孩的家庭，都要到宗祠來，祭拜祖先。參加開燈節的男丁，一式身穿紅色有福壽圖案的長袍，頭戴黑色氈帽，列隊到祠堂祭拜，向祖先敬獻烤豬、酒茶和果品。

有一年春節期間，我和學生到廣州某村參加「開燈節」。這個專為男孩的節日在祠堂舉辦。祠堂是以男性為宗族承續脈絡的神聖空間，歷代男性祖宗供奉於此。該村梁為大姓。梁氏宗祠的祠堂正堂匾額，上書「敦倫堂」三個大字，下方牌額橫書「蘭桂騰芳」，中間直書「祖先」兩個大字，兩邊為「文魁」。雖然正堂拱護祖先牌位的是「文魁」並力倡弟子讀書，但通過科舉進入仕途的男丁寥寥可數。所以，習武護村，還是宗族男丁最基本的職責。過去，為了在地方立足，爭奪資源，人們必須借助宗族的合力。如有爭端械鬥，宗族男丁的多寡決定勝負；而在平時，通過武術、醒獅表演、搶花炮和節慶等方式，宗族在鄉土社會也可象徵性地彰顯實力。

祠堂里人來人往，一位老爺爺正在紅紙上用金粉寫「外地兄弟贊助芳名列後」和「取燈助金芳名」，然後用毛筆蘸墨寫名字。一些婦女，則在分發紙錢紙符等物，它們將在「開燈」儀式上大量使用。開燈節需要準備的紙符有：拜

當天、得力貴人（紅紙金印）符、平安符、福祿壽符、三壽星符、河沙無量功德佛、三龍符、紅色的時時好運符、四方大利符（紅綠各一，有「貴人指引，祿馬扶持」字樣）、招財和合符、樟柳二仙符、長命富貴符、東西南北順利符，貴人指引永保平安符，2種開燈，以及金壽錢2疊、土紙錢3疊。

　　陸陸續續有人帶著男孩來祠堂「迎燈」。他們帶孩子在正堂靈牌前燃香磕頭祭拜，告慰祖先，咱姓又添丁了。為答謝祖先的保佑，祭拜者把備好的紙符和紙錢焚化。然後，把祠堂為小男孩準備的具有象徵性意義的禮物，帶回家去，討個「好意頭」：主禮是一個小燈籠（以「燈」諧音「丁」），紅包（喻財運）、茨菰（「它就是男孩的小雞雞啦！」）、生薑（以多頭喻多發、生猛強大）、橘子（「吉」的諧音）、生菜（「生財」的諧音）、柏枝（松柏長青，喻長壽），蔥象徵聰明。這算一個以物象組合的複合句式了：包括象形（茨菰像男性生殖器），指事（紅包直接指喻財運），會意（以生薑喻生猛強大、柏枝喻長壽），形聲（「添燈」—添丁、生菜—「生財」、橘子—「吉」），轉借和象徵（「丁」不用「釘」而用「燈」，一是音的轉借，二是形的象徵：不要尖銳而要光亮）。這是一段以包含多種組詞和修辭形式的複合句式表達的祝詞。雖然人們都識字，但還是要準備這些用以表意和象徵的物象，強化「言說」。

　　抱著這些沾有祖先祝福的禮物，小男孩全家喜氣洋洋，出了祠堂到渡口，乘船回家。

為開燈節準備紙符和紙錢。廣州某村，2009，鄧啟耀攝

鄰村醒獅對掛禮。廣州某村，2009，鄧啟耀攝

焚香祭祖。廣州某村，2009，鄧啟耀攝

帶男孩前來祠堂「開燈」的一家人。廣州某村，鄧啟耀攝

在祠堂為孩子掛燈的年輕夫婦。廣東順德

有不同寓意的物象。廣州某村，2009，鄧啟耀攝

生了男孩的部分人家在祠堂前合影留念。廣州某村，2009，鄧啟耀攝

## 正月十五：元宵偷春

　　元宵節又稱「上元節」，時在農曆正月十五。道教以三元配三官，上元天官正月十五日生，中元地官七月十五日生，下元水官十月十五日生。南宋吳自牧在《夢粱錄》中說：「正月十五日元夕節，乃上元天官賜福之辰。」〔註24〕由於佛教有正月十五日僧人觀佛舍利，點燈敬佛的做法，燃燈、燈會和賞燈，就成為元宵節活動的標誌性項目。燈的造型有很多種類，或仿生，或具象，或幻化，還有各種燈謎。花燈製作工巧，讓人歎為觀止。後來，舞龍、舞獅、耍龍燈、吃元宵、跑旱船、擊太平鼓、過橋摸釘走百病等習俗，也成為元宵節的活動內容。

　　在元宵節期間，祭門、祭戶、逐鼠等民間信仰也有表現。而在貴州黃平一帶苗族中，則要農曆正月十五日舉行「偷菜節」。節日這天，姑娘們便成群結隊去偷別人家的菜，嚴禁偷本家族的，也不能偷同性朋友家的，因為偷菜與她們的婚姻大事有關。所偷的菜僅限白菜，數量夠大家吃一頓即可。偷菜不怕被發現，被偷的人家並不責怪。大家把偷來的菜集中在一起，做白菜宴。據說誰

---

〔註24〕吳自牧（南宋）：《夢粱錄》。上海古典文學出版社據《知不足齋叢書》本校點排印，1956 年版。

吃得最多，誰能早得意中人，同時所養的蠶最壯，吐出的絲也最好最多。四川
元宵也有「四偷」的習俗：「一偷湯圓二偷青，三偷簷燈四偷紅。」除了偷青
是為了強身外，其餘皆為求子的習俗。〔註25〕

元宵節宗族盛會。醒獅進門前，躍起叨下懸在門頭的生菜等吉物。2009，廣州瀝滘村

祭祖。2009，廣州瀝滘村　　　舞獅人向觀眾拋禮物。2009，廣州瀝滘村

# 第十七章　民俗雕版木刻的時間幻象與運勢轉換

　　時間本無相，但在中國民間信仰中，無所不在而又不可捉摸的時間，也用生肖動物、日月星宿等具象之物作為象徵符號；比時間更不可捉摸的是被前世因果和現世修為決定的命相，它像時間一樣不可逆轉。

　　然而，對於不可為之事，人總有試一試的欲念。借助信仰和法術，人們卜算命運，測度命理，調節風水，通過轉運儀式，人為改變運勢和流年運程。

## 一、風水與運勢

　　受佛、道觀念的影響，人們心目中的時間，不是單線運行、不斷消逝的存在，而是過去、現在和未來疊加在一起，相互作用、彼此影響的一個過程。

　　1. 個人前世所為，是積德還是造孽，影響今生。佛教的因果觀，潛移默化地影響著普通民眾。許多人之所以「認命」，就是相信自己前世言行所致。

　　2. 祖先福蔭，後人享受。

　　3. 現世修為，如果行善積德，也可不同程度改變命運。即使不能現報，也會蔭及子孫。民間有很多這樣的傳說。

　　4. 通過做儀式、調風水等辦法，轉運或借運。

　　前世善惡無定論，祖先福德不可知，現世修為難評估，國人最常走的方便之門，就是搞關係，把為人處世的那一套做法移植到靈界。調風水、做轉運或借運法事的邏輯基點，即在於此。

廣州的 L 法師在為一位商人做「造安福地轉運」儀式後，在他的微信朋友圈曬了圖片和祝詞：

> 今天是紫微龍德福星日。也是 X 總造安福地之時。招財進寶福祿榮。壽與安康比南山。意象：腰纏萬貫。玉帶纏腰。懷抱金榜題名。九仔蓮丁大發財。五帝八星平安招財陣。蓮花心結代代招錢財來。用意：珠寶滿門皆富貴。文成文衛掛紫衣。聖榜題名應有份。高官晉爵在朝庭。出入官門事事順。家居福祿代代榮。功名可達。富貴可期。

法師在選好的「風水寶地」，埋入一個繪有道符的罎子，裏面放進 8 枚銅錢、9 枚一元硬幣、10 枚一角硬幣 9 個塑料元寶，擺出如圖圖式，舉行儀式後埋下。2023，L 法師自攝

在廣東某地的一次「轉運」法事做完以後，閒聊中，我們曾向主持法事的 L 法師請教關於「運」的問題。

問：什麼叫「運」？

法師回答：比如，X 老闆（一個做房地產開發的商人）現在拿到一塊地，自己可以不出一分錢，別人負責一個億來做這個工程，這就是白手借錢，也就孔明借東風，借別人的運和財富過來的。

問：那是不是別人的財富沒了，跑來這裡了？

法師：不會！借天運而已。原來那塊地的手續辦了很多年都搞不好，關鍵是 X 的風水不夠，我幫他葬了那卦山，他就行了。那卦山原來是給父母準備的，去年他說，不行，他要葬銀山，於是就把一大壇銀子葬下去了，去年 11 月 18 幫他葬的。我說，葬了這卦銀

山你保證可以了。呃，現在他搭上了 XX 市長的線，是從 XX 這條線搭下來的。那天，我回去幫他旺山，市長給他電話，說要給時間緩衝。原本手續已經批了，但是他一來 XX 當市長就 cut 了，現在他又要自己批准，放出來，所以要給時間緩衝。現在整個規劃局都在為這塊地開始幹活了。昨天他給我電話，說指令到了，工作全面鋪開了，財很快就來了。實際上他這麼做是自私些，他是有些心計的。他自己葬銀山，是為以後葬自己準備的，為自己留後路，父母都不葬了。

　　問：葬了父母，對子女和子孫應該是一樣起作用的啊！

　　法師：X 有三兄弟啊。

　　問：哦，現在就變成自己單獨擁有了。葬了父母就變成三房人共同擁有了。

　　法師：如果葬了自己，只是繁榮自己的後代，這是不一樣的。

〔註1〕

　　通過調節風水，理順靈界的運程關係，從而搭上人間的權力關係，獲取現世利益，是這一類行為的出發點。上例當事人，為了自己獲取最大利益，不惜獨佔兄弟應得的份額；雖然如何搭上權力的線沒有說，但無數事實證明，權錢交易在房地產運作中並不鮮見。也就是說，無論從德還是從法的角度，這種行為其實是違背人倫、天理和法律的。但他能成功，這說明什麼問題？是關於命運的說法不能自圓其說，還是命運本身就是操控在人手中的玩物？

　　說回民俗雕版木刻。在法事現場，我們看到的其實也是現實生活的某種折射：請法師看風水、調風水需要付費，請神靈接受訴求幫助轉運需要上貢，儀式過程幾乎就是呈送錢物的過程；給他護符的時候，沒人（神）會問此人德行如何，所求是否合理合法；所請諸神，大多是管錢管福管壽或可幫人解厄免罪的實權派，如財神、福祿壽神、貴人祿馬、免罪刑官等；對這些神靈，燒的香越高，獻的祭品越貴，則回報也越大。

　　整一個賄賂神靈的感覺。

〔註 1〕講述者：L 法師，訪談人：筆者及 H 先生、D 女士，地點：廣州某小區，時間：2013 年 5 月 18 日。

# 二、流年運程與轉運

　　除了以風水轉運借運，民間還有許多專門性的轉運儀式，都會用到木刻紙符。比如求學，需請魁星、文昌甚至孔子保佑；多災多病，或事業不順，則請「貴人」扶持；家庭不睦，婚姻失和，則請「平安符」、和合二仙、一團和氣符等。而轉運紙，則成為這些法事活動中必有的媒介。

**轉運紙**

　　在雲南昆明圓通寺門口的一些賣香火的小攤上，除賣香燭之類，還會買一些紙馬，其中，最為常見的是「轉運紙」。轉運紙用紅色印製，主祀財神老爺，內書「年年清吉，歲歲平安」「生意興隆、六畜興旺、五穀豐登」「婚姻順利，白頭到老」等吉語，把普通人（主體是農民）欲求之事都說到了。

轉運紙。雲南昆明　　　　　轉運紙。雲南昆明　　　　　轉運紙。雲南昆明

**轉運神**

　　在雲南西部民間信仰中，認為命運有神專司，轉運自然也有神可為。所以，民間祀奉特定的轉運神。轉運神武將打扮，手執「年年太平」牌，旁書「百事通順，時來運轉」，意在說明太平盛世需要強大的武裝保護。四川南充的「運氣好」則為文官，旁書「萬事如意，恭喜發財」。

　　轉運神。雲南德宏　　　　運氣好。四川南充〔註2〕

### 大千世界

　　轉運紙需配「大千世界」「轉運童子」等。由「先生」做過轉運法事後焚化。

大千世界。雲南昆明　　大千世界。雲南昆明　　大千世界。雲南昆明

大千世界。雲南昆明

〔註2〕李東風：《南充紙馬》，http://lidongfeng.blshe.com/post/8971/772266，2011。

### 轉運童子

轉運童子。雲南昆明

轉運童子。雲南昆明

轉運童子。雲南昆明

轉運童子。雲南昆明

轉運童子。雲南昆明

## 田野考察實錄：廣州「解運風生水起九宮八卦陣」法壇

廣州 H 先生自己開公司，近年運營不順，身體也出了很多問題。

我們訪談的法師姓 L，男性，畲族，廣東清遠市洲心鎮人，1956 年出生，是廣州比較有名的一位堪輿師。他說他的祖先長於建築，故宮、頤和園都是其祖先設計的。他們從河南遷過來，南雄 L 氏祠堂是他們的祖祠。他說：「我們這個民族本來就有這個傳統。南雄祠堂的牌匾、對聯都是周易。」L 法師最初跟大舅學地理（堪輿），後又跟他的母親學請神，他母親是位當地小有名氣的「神婆」。他說：「剛學的人，遇到大問題自己是解不了這些邪關的，學這科的人很惹邪，尤其是剛起家的時候，正神和邪都會在上你的身，如果你解不了就會出問題，所以當我出現問題的時候就會回去找我老媽解決。」母親去世後，他從清遠到廣州，無業，以幫人看陰宅、陽宅的選擇和定向、八字運程推算、

擇日、室內風水、主持人生禮儀以及祭祀儀式為主要業務範圍，自稱曾經幫某些高級官員和房地產商「做過」，經他點撥後，官員得到升遷，房地產商順利徵地並得到貸款。他育有兩女一子，均已成家。妻子為全職家庭主婦，均靠他一人以此為業掙錢養家。

　　H 先生請 L 姓法師看了他的八字，認為根據他的情況，要做一個「解運風生水起九宮八卦陣」儀式。儀式過程與「解太歲轉運九宮八卦吉祥如意陣」儀式大致相同。區別只在，做「解太歲轉運九宮八卦吉祥如意陣」儀式的 A 女士是因犯太歲而身體有恙，做「解運風生水起九宮八卦陣」儀式的 H 先生正值中年，卻事業不順。所以，做此儀式，紙符要多一些，在黃色的百解紙、紅色的鴻運轉運貴人衣、九天玄女符、福如東海轉運衣這四種符紙的基礎上，根據犯太歲者的不同狀況和需求來設壇，增加不同衣紙。法師為 H 先生設的是風聲水起陣，主要用於健康和生意方面，於是就增加了與財有關、與事業有關的一些符紙，如「開路神君」「心想事成」等。另外，祭品增加了馬蹄、蓮子、紅棗、一套新衣服等，利是封也增加為 36 封，百解貴人紙增加為 5 張。法師解釋兩次儀式的區別：「A 女士的是開壇解犯太歲，加上九宮八卦吉祥如意陣。有很多陣，都不同的，例如有風生水起陣，她用不了，因為她的年齡不適合這個陣。風山水起陣是年輕人做事業，正需要發展的，比如 H 先生。」

### 九宮八卦符

　　九宮八卦是道教主要符號之一，其核心要素以陰陽魚、八卦符、四靈為主，時間的意味也很強，如雲南德宏的八卦符，旁書「一天十二時時時保平安，一年十二月月月消災難。」但到了不同地區，對其的理解和描繪也有所不同，如信仰漢傳和藏傳佛教的大理地區，在九宮八卦符上加了佛教萬字符，信仰南傳上座部佛教的雲南德宏地區，甚至把安坐蓮花的佛像置於其中。

九宮八卦符。雲南大理　　　九宮八卦符。雲南大理　　　八卦符。雲南德宏

## 解太歲轉運九宮八卦吉祥如意陣套符

九天玄女符。廣東

三天賜福轉運降鴻寶牒。　　心想事成紙。廣東　　　開路神君。廣東
廣東

平安符。廣東　　　　功德佛。廣東　　　　福祿壽衣。廣東

吉星拱照，人口平安。廣東　　　　　　樟柳二仙，招財和合。廣東

招財進寶。廣東　　　　　　　　福如東海。廣東

四方貴人。廣東

祿馬。廣東

福祿壽。廣東　　　　　　　　　財神。廣東

2013 年 5 月 18 日　15：00～17：00

　　米 3 斤、衫 1 件、硬幣 12 隻、蘋果 9 個、橘子 9 個、糖半斤、龍眼半斤、花生半斤、紅棗 2 兩、蓮子 2 兩、有頭生菜 2 顆、蔥 2 條、蒜 2 條、前豬手 2 個、雞蛋一生一熟、利是 36 封、煙 8 包、小杯 6 個、香一把、蠟燭 1 對、轉運貴人 3 張、貴人 2 張、百解 5 張、日月衣 1 份、轉運衣 1 份、元寶、壽金紙、金銀紙各一些、色紙 5 張、紅帶 1 條、一套新衣服、馬蹄 9 個、紅布 1 條

　　紙馬：轉運貴人 3 張、貴人 2 張、百解 5 張、日月衣 1 份、轉運衣 1 份。

共：33 種

　　根據雷師傅所言，解太歲儀式必備的符紙有四種：

1. 黃色的百解紙
2. 紅色的鴻運轉運貴人衣
3. 九天玄女符
4. 福如東海轉運衣

在這四種符紙的基礎上，根據犯太歲者的不同狀況和需求來設壇，增加不同衣紙。例如 H 設的是風聲水起陣，主要用於健康和生意上，如是就增加了與財有關、與事業有關的一些符紙。

問：九宮八卦陣的主要功能是什麼？

法師：帶運程、幫財運、幫福祿，這個陣是借別人的財運用到自己身上。

H 先生插話：L 哥，你什麼時候幫我搞一下？

法師：我已經幫你定了時間，下週六，你要去到 52 歲才不犯太歲。你現在每年都犯流年太歲。

問：不是說十二年犯一次太歲嗎？

法師解釋：不是。你說的是流年，我說的是你自己的命運、運程，你本身每年的運程都是不一樣的。例如，明年你走馬運，明年是馬年，又犯太歲。你剛才說的是本命年犯太歲，和我現在說的這個是你自己每年的運程犯太歲，是不同的。本身的運是根據十二支走的，例如阿 X 今年行丁巳運，屬金，行金局運，今年蛇年屬金局，犯太歲；明年他行壬戌運，壬戌辛屬火，行火運，明年馬年是甲午年，屬火局，大家一樣，火與火又犯了太歲了。這叫運程犯太歲。今年人的本命運程與今年的流年犯太歲。太歲實際上就是那年的年運。犯太歲就是同一個年份的地支，「犯」就是同樣的東西行到一起了。而「沖」就是相沖，例如蛇和鼠、豬和蛇、老虎和猴子相沖。比如豬和蛇相沖，蛇屬火，豬屬水，水剋火，這要從五行八卦說起。北卦、坎卦和離卦，離卦——巳午未，南方火，北卦——亥子丑，屬水。八卦五行，金木水火土，相生相剋。

H：我要到 52 歲，豈不是要搞很長時間？（H 現年 40 來歲）

法師：幾乎每年都要搞一次。像 XXX，她連續犯了 12 年，幾乎每年都過來搞一次。現在終於出來了，全部上位了。每個人都有災難，但是如果你幫他搞了以後，就等於把災難平淡了許多，化掉

許多，就沒那麼重了。像 XXX，他現在出事了（前年中風，今年車禍腦出血，神志不清），之前我跟他說過，他連續十年犯太歲，要小心。但他沒有每年都搞，如果每年都搞，就不會像今天這麼重了。解了就等於擋住了。XXX，嚴重的時候試過一年做三次的，真是的！

問：轉運貴人紙和貴人紙有什麼區別？

法師：轉運貴人紙是鴻運轉運貴人，貴人紙是發財貴人，不同的。單單貴人就有四五種，有百人貴人，心想事成貴人。

問：轉運衣呢？

法師：用來轉運啊。〔註3〕

# 三、時間的幻象——太歲

人們塑造了一位神秘的時間之神——太歲。「太歲當堂坐，諸神不敢侵。」太歲「率領諸神，統正方位」（《神樞經》），掌管人間禍福，農業生產，兼管土地，足見其統攝一切的威權。

俗話說：「太歲頭上莫動土」，太歲頭上是年歲日時，如有需要動土的事，像起房蓋屋、掘墓壘墳之類，除了要打點好主管神靈，還要小心計算日子，選擇良辰，避免衝撞到無處不在的時間之神太歲。作為時間之神的「太歲」由於兼職較多，所以常常插手空間領域的事，雖然是兼管，但此神很敏感，容易過度反應。即使專職的山神土地同意了的事，如果時辰不合太歲爺的意思，它也會讓人大禍臨頭。所以，在民間祭祀中，東西南北中五方「土神」碼子，往往和「太歲」碼子一起使用，以做到時空同步。另外，結婚幾年沒有孩子，或者八字有問題，也是犯太歲了。太歲插手太多，管制太嚴，最惹不起，所以民間認為它是壞神，要把「太歲」碼子燒了祭獻。

與年歲相關的符像碼子有太歲、值年太歲或歲神、當生本命星君、太歲符等。

## 太歲紙

星座與人的命相相聯繫，是世界上很多文化都有的信仰。中國人認為星象和人的生肖及時運有關聯，以十二生肖屬相確定的本命年，是個人人生的時間

節點，很容易發生一些不好的事，小的惹口舌，大的有病災，民間將其稱為「犯太歲」。俗話說：「本命年犯太歲，太歲當頭坐，無喜必有禍。」到本命年這個關口時，要特別小心，有類似「順星」的個人秘密儀式悄悄舉行。如果討了姑娘（娶媳婦）沒有小孩，是衝撞到狠太歲了，也要祭獻。這叫「順星」（也稱「祭星」「接星」）。所謂「順星」，即順正當事人的命運之星。傳說正月初八是眾星下界之日，正是理順關係的難得機會。遇到本命年的人，要向本命星前拜一下以求平安。簡單的做法是在本命年穿紅，用一根紅線穿在手腕上、脖子上，或是繫在腰上。如果多災多病或有不好的預示，就要舉行「順星」儀式。儀式用兩類碼子（民俗雕版木刻），一類是星科、朱雀、玄武等，另一類是本命星君、替身、解結等，放在祭壇和門柱上受祀。

　　儀式一般在黃昏後舉行。道公先生點燃小燈，以北斗為目標祭祀。幾位「齋奶」每人手持一面小紙旗，上黏一個從「替身」碼子上剪下來的小人，跟隨做法事的「先生」在幾個大殿之間行走。嫁禍於「替身」的方式，是一種淵源古遠的傳統巫術。凡有邪穢在身，惡煞糾纏，即用這個碼子作為自己的替身，讓其代為受過。「解結」碼子貼在大殿門後的柱子上。這是一種在許多儀式（老人去世、做五七、脫孝、上房、謝土、上墳等）中都會使用的符像。人們認為，人與人相處，總會發生一些糾葛或冤結；做儀式的時候，也會有一些不乾不淨的東西闖進門來糾纏，所以，要在門後貼一個「解結」碼子。儀式結束時，參與者都要做一個「解結」儀式：在正壇前添設一香案，擺五供養，一盆水，將布條裹著一串銅錢，結成一股辮子的「順心結」，掛在貼有「解結」碼子的房柱上。亡人去世滿三年用孝布（白布），家道不順、人有病用青布。布條結12個疙瘩，代表一年12個月，閏年結13個疙瘩，先生稱之為「消災延壽解釋消災方」。參祭者每人手中持香一柱，由一位齋奶搖法鈴在前引領眾人繞主壇走八卦，向眾神行禮。每轉一圈，即讓一人解開一結，並解下一枚銅錢，於案前燒掉「解結」紙馬，連同銅錢一併投入水中。然後，所有參加者每人喝一口盆裏的水，齋奶將水中的銅錢撈出，從銅錢入水後陰陽兩面所佔比例，看卦象是陽旺還是陰旺。銅錢正面為陽，背面為陰，陽多則吉，陰多不好，陰陽對半為平卦。最後，把「翻解冤結」碼子與「當生本命星君」等紙馬、香根與芝麻稭、松柏枝一起焚化。

**太歲**

　　時間之神「太歲」，在紙符上被塑造為一位身披鎧甲，持矛或戟的武神，

或正襟危坐，或騎馬巡遊。人衝撞太歲，病了，或是不孕（小太歲6年，大太歲12年），要退送出去，才會生娃娃。

太歲。雲南畹町

太歲。雲南保山

太歲。雲南保山

太歲。雲南騰沖

太歲。雲南騰沖

太歲。雲南保山

## 太歲尊師

太歲尊師。雲南大理

### 太歲殷元帥

太歲殷元帥。清，雲南騰沖

### 太歲之位

太歲之位。清末，北京〔註4〕

### 值年太歲

　　太歲以六十甲子按歲輪值，所以又叫「值年太歲」、「當年太歲」、「歲神」，以及「陰陽太歲」、「太歲自申」、「十二屬神」等。太歲數目無定，有十多個，也有五六個，每年的值年太歲也不相同。他們下方的動物，代表這一年的生肖屬相。

〔註4〕引自蕭沉博客：《俗神》（圖為日本人20世紀初收藏）http://xiaochen.blshe.com/post/78/503808，2010,2,11。

值年太歲。雲南巍山　值年太歲。雲南巍山　值年太歲。雲南巍山　值年太歲。雲南巍山

## 陰陽太歲

陰陽太歲。雲南大理

## 太歲符

太歲符。廣州

### 本命星君

做本命年禳解儀式時，把「當生本命星君」這個馬子貼在升斗上，供奉在正堂，祭獻後和貼在側房的「翻解冤結」馬子一起焚化。老人會囑咐，本命年宜穿紅，至少也要偷偷穿條紅褲衩或在腰上繫一條紅線，以吉祥和盛陽之紅辟陰邪。

本命星君局部。雲南騰沖

本命星君。雲南騰沖

本命星君。雲南騰沖

本命星君。雲南大理

本命星君。雲南芒市

## 當生本命星君

當生本命星君。雲南巍山

當生本命星君。雲南巍山

當生本命星君。雲南巍山

當生本命星君。雲南巍山

當生本命星君。雲南大理

當生本命星君。雲南騰沖

當生本命星君。雲南大理

當生本命星君。雲南大理

當生本命星君。雲南大理

## 本命元辰

本命元辰。雲南大理

## （耳疑）仙

祭太歲還願時在家裏用，酬願祭品要三個頭（雞頭、豬頭、鴨頭）或五個頭（加上鵝頭和羊頭）。請師娘來卜算，做完儀式燒掉。

（耳疑）仙。雲南騰沖

（耳疑）仙局部。雲南騰沖

## 太歲謝壽星君鎮宅年符

此符的說明文字是：「將此紅色神符裁下，即可使用。2019年己亥年太歲謝壽星君鎮宅年符，請回宅內可保今年全家平安吉祥昌盛（貼在家中）。」雖然此符已經與時俱進成為便利的機印之物，但我們依然可以看到傳統觀念在21世紀的延續，以及過去雕版木刻的痕跡。

太歲謝壽星君鎮宅年符。雲南寧洱

### 田野考察實錄：廣州「解犯太歲」儀式

「出煞靜宅」和「旺宅」儀式過後近一年，A家女主人身體還不見好，請教L法師，他詢問了她的年齡和生辰後，推斷說，女主人年滿60，正好是一個甲子，這一年「犯太歲」，需要化解，同時轉運，要再做一個「解犯太歲」法事。

經測算吉日後，於2013年5月12日在A的家裏，做了一個「解太歲轉運九宮八卦吉祥如意陣」法事。之前，通過微信，法師要求A家人準備如下用品清單（26種）：

> 米3斤、衫1件、硬幣12個、雞蛋一生一熟、蘋果9隻、橘子9個、糖半斤、龍眼半斤、煙8包、紅帶130公分、香1把、元寶

2對、蠟燭1對、金銀紙、陰幣各一些、壽金紙一些、利是9封、茶葉1斤、小杯3個、黃紙1張剪成衣集、四方大利聚寶盆一個

**解太歲轉運九宮八卦吉祥如意陣套符**

除了上述祭品，還要去紙火店買「解太歲轉運九宮八卦吉祥如意陣」套符，包括黃色的百解貴人紙3張、紅色的鴻運轉運貴人衣3張、貴人紙2張、九天玄女符、轉運貴人紙3張、貴人紙2張、福如東海轉運衣、日月衣各一份、利是9封、黃紙1張剪成衣集。

九天玄女符。廣州　　　　　　　　　　　　貴人紙。廣州

太歲衣。廣州　　　　　日月衣（日）。廣州　　　　日月衣（月）。廣州

文昌衣。廣州　　　福如東海轉運衣。廣州　　　福財丁符。廣州

2013 年 5 月 12 日（農曆）中午 13：30，法師如約到達。幾次儀式後，事主與法師已是熟人，寒暄片刻，儀式開始。

首先，由犯太歲者填寫貴人紙（紅色），左側寫上個人姓名，右側填寫解太歲的時間；再寫百解貴人紙（黃色），左側寫家庭地址，右側寫姓名及出生年月日（陽、陰曆皆可）。兩種紙符每人一張，連同家人，一家三口共六張。

法師穿便衣，在當事人家中的茶几上設壇。神壇坐北朝南，擺九宮八卦吉祥如意陣。先將盛滿米的圓盤放於桌子中間，用手鋪平米，米上擺放一生一熟雞蛋（象徵陰陽平衡）、靈符七張；再將已經填寫好的百解紙 3 張、轉運貴人紙 3 張、貴人紙 2 張、轉運衣一份、日月衣一份、金銀紙、陰幣、壽金紙一些放入聚寶盆裏，壓於雞蛋與靈符之上；將 8 封利是（每個裝有現金一元）按照北、南、西、東、東北、東南、西南、西北八個方向，每個方向各擺放一個利是（代表八卦裏的八個方位），在圓盤內放入一個利是（圓盤代表中宮）；每個方位的利是上各有糖 3 顆（象徵甜蜜）、龍眼三顆（象徵龍精虎猛）、橘子一個（象徵吉祥）、蘋果一個（象徵平安）。取一碗清水、一圓杯裝滿米（當作香爐）、剪成衣集的黃紙一小疊、十二個硬幣、一條紅繩打上十二個活結（代表一年的 12 個月），以上這些物品放於西側（法師右側）；一把西刀（又叫轉運刀）、一對聖杯，放於東側（法師的左側）；小蠟燭一對，放於東側；取家人三件衣服，放於西側（儀式完成後當晚就穿）。

法師布置九宮八卦陣吉祥如意陣。

## 開壇儀式：

### 請神

法師點燃兩支蠟燭、六支香，先後插於裝滿米的圓杯內；手持聖杯，口念咒語，請神（法師用粵語，夾雜著清遠口音，最後一字音下滑）：

清香柱著多拜請，請大位眾靈啊神，……帶來師傅壇咯興，張天師今天下凡咯，請四大天王、玉皇大帝、玄女娘〜娘，請南無佛、南無法，大慈大悲觀世菩薩、觀音娘娘咯↓，有災消災啊，有難消難咯，一切災殃化作咯塵，請時上功曹日月功咯曹，請到八大仙師八大師爺，請城隍菩薩請……咯神，請茅山師傅張天師爺，張天師爺用符仙水千年運，引福歸啊堂，等如此般的上升令。

咒語完畢，拋聖杯，凹面向上，顯陽杯，表示神靈仍然在考慮當中。

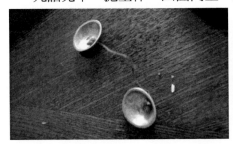

陽杯，神靈在考慮當中，是否上神壇…

陰杯，神靈不同意…

法師重搖聖杯，口念咒語：

清香柱著多拜請，請大位眾靈神，請四大天王玉皇大帝玄女娘娘，皇母娘娘，玄子天尊，南無佛南無法，大慈大悲救苦救難觀世菩薩，人離難難離身，一切災狹化作塵，請到八大仙師八大師爺，華佗仙師醫靈大帝，城隍菩薩北帝爺爺，時上功曹日月功曹，茅山師傅張天師爺，張天師爺用符仙水千年運，引福歸堂。

拋聖杯，再次顯陽杯。法師繼續搖聖杯，口念咒語：

陽杯，陽陽無事來陽間咯得太咯平，靈鬼再請請教神咯靈，再求這般的上升恩令。

咒語完畢，拋聖杯，一個凹面向上，一個凸面向上，顯示聖杯，表示神靈已經同意上壇：

聖杯，表示神仙已經同意上神壇。

立杯，一個立杯代表 20 個聖杯，表示神靈非常贊同，這樣的形態是很少見的，如果聖杯用木頭雕刻，形狀較大，師傅苦練的話，是能夠拋出這樣的形態的。

## 呈報

法師搖聖杯，向神靈呈報開壇的意圖：

現有廣東省廣州市某某，恭請張天師今天同你解運咯矣，某某解咯矣，陰邪亦解咯，天靈靈、地靈靈……張天師今日同你解運咯興，……猶如孔明借東風咯興，要風得風要雨得雨，如此這般的上升令！

拋聖杯，顯示聖杯，表示神靈贊成。法師念：

現有廣東省廣州市某地某信士生於某年某月某日某時在某年犯某某關、犯某某病及某某運程，神靈幫你解送，茅山師傅解送，張天師解運，觀音菩薩解陰邪，難離身，身離難，一切災禍化作塵。

　　念完，法師做過七關斬六將儀式。他一邊念咒語，一邊拉解紅結並在紅繩的另一端打上一個新活結，隨後將一個硬幣丟入碗裏的清水裏，受解者對應燒一張「日集衣」（剪成衣集的黃紙）。法師念咒語如下：

　　　　一月生人氏燒虎，虎頭遇著大將軍，虎頭將軍上壇，師傅解送，虎尾將軍鎮解消咯行（法師動作：解結、投幣、燒紙）；二月生人氏燒兔，兔頭遇著大將軍，兔頭將軍上壇，師傅解送，兔尾將軍鎮解消咯行（法師動作：解結、打新結、投幣、燒紙）；三月生人氏燒龍，龍頭遇著大將軍，龍頭將軍上壇，師傅解送，龍尾將軍鎮解消咯行（法師動作：解結、投幣、燒紙）；四月生人氏燒蛇，蛇頭遇著大將軍，蛇頭將軍上壇，師傅解送，龍尾將軍鎮解消咯行（法師動作：解結、打新結，投幣、燒紙）；五月生人氏燒馬，馬頭遇著大將軍，馬頭將軍上壇，師傅解送，馬尾將軍鎮解消咯行（法師動作：解結、投幣、燒紙）；六月生人氏燒羊，羊頭遇著大將軍，羊頭將軍上壇，師傅解送，羊尾將軍鎮解消咯行（法師動作：解結、打新結，投幣、燒紙）；七月生人氏燒猴，猴頭遇著大將軍，猴頭將軍上壇，師傅解送，猴尾將軍鎮解消咯行（法師動作：解結、投幣、燒紙）；八月生人氏燒雞，雞頭遇著大將軍，雞頭將軍上壇，師傅解送，雞尾將軍鎮解消咯行（法師動作：解結、打新結，投幣、燒紙）；九月生人氏燒犬，犬頭遇著大將軍，犬頭將軍上壇，師傅解送，犬尾將軍鎮解消咯行（法師動作：解結、投幣、燒紙）；十月生人氏燒豬，豬頭遇著大將軍，豬頭將軍上壇，師傅解送，豬尾將軍鎮解消咯行（法師動作：解結、打新結，投幣、燒紙）；十一月生人氏燒鼠，鼠頭遇著大將軍，鼠頭將軍上壇，師傅解送，鼠尾將軍鎮解消咯行（法師動作：解結、投幣、燒紙）；十二月生人氏燒牛，牛頭遇著大將軍，牛頭將軍上壇，師傅解送，牛尾將軍鎮解消咯行（法師動作：解結、打新結，投幣、燒紙）。

　　最後，原來的十二個紅結解開了，紅繩的另一端重新打了7個新結。法師手持紅繩兩端用力一拉，7個活結也全部一下子解開。他解釋，這表示十二個月的節令全部解開，新的7個結的解開表示「斬六將過七關」。硬幣丟入水中，因為水能化煞，化萬物，災難隨著硬幣丟下水，都化解掉了。

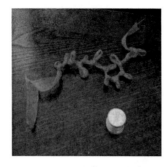

轉運刀與聖杯　　　　　　　打好 12 個活結的紅繩與 12 個硬幣

### 做太歲衣

法師拿起準備好的 3 套衣服，右手持轉運刀，邊念咒語，邊用轉運刀的頭與尾輪流碰觸衣服，圍著九宮八卦吉祥陣轉圈，咒語如下：

> 我同你斬六將過七關啊呢，師傅壇前蛇退皮，虎退殼，深山鳥兒退毛絨，轉眼分明好運數，轉眼分明好運時，時通運通，猶如孔明借東風，要風得風要雨得雨咯興。

轉運行壇念：

> 十方買香來點著，來插落，師傅壇前蛇退皮，虎退殼，深山鳥兒退毛絨，轉眼分明好運數，轉眼分明好運時，時通運通如孔明借東風，呼風得風呼雨得雨，食飯聞香，飲水聞甜，點落長庚九十九歲或百歲有零頭。

法師拿起圓盤上方元寶盆裏的所有百解紙、貴人紙等，在蠟燭上點燃，放進聚寶盆裏燃燒，將衣服置於火苗之上熏，口念咒語：

> ……今日師傅同你解運咯興，……用火化呢，火能喚一切興呢，難離身，身離難，終讓化作咯塵，時運通融，猶如孔明借東風咯，要風得風要雨得咯雨，好過舊時勝過舊日！

焚燒寶紙念：

> 天蒼蒼地莊莊，點火燒轉運錢，天吹吹地吹吹，祖公祖母到壇臺燒各領，人從人話，金銀用火化，火咁紅火咁旺，一切都好運來。

在火盆上熏過的衣服交予解犯太歲者，叮囑收好，晚上洗完澡後可穿。

法師帶領犯太歲者圍繞九宮八卦陣解結，解四面八方難星康安吉祥財如意。他邊念咒語，邊打活結。法師手持紅繩一端，讓犯太歲者自己拉紅繩另一端，解開繩結。從正北方開始，依次在東北、東、東南、南、西南、西、西北、中宮九個方位，逐個解結。咒語如下：

九宮解來八卦又解咯㒷，有冤就解冤咯，有災又解災咯，令你
無災又無難，勝過舊時又好過舊日哦，中宮也解咯。

東方有難東方解，天解地解人解，

南方有難南方解，天解地解人解，

西方有難西方解，天解地解人解，

北方有難北方解，天解地解人解，

中宮有難中宮解，八方有難八方解，

天解烏雲蓋月，地解陰邪，

人解人長生，福祿壽長。

此作意味九個關卡全部解除，九解完畢，法師囑犯太歲者將解結的紅繩繫
於腰上。

### 儀式用符

法師左手握住 12 張靈符（黃紙紅字長條），口含清水，往符上噴灑，隨後
右手持兩隻香，在符的上空點畫，伴隨念咒：

赫赫陰陽，請出靈符，日出東方，口吐三昧之火，眼放如日之
光，捉怪逢力士，破疾用鎮煞金剛，降伏妖怪化為吉祥，急急如律
令，左光明右光明，借用神火的光明。

法師將兩張靈符十字形疊在一起，折成三
角形，放入利是封裏。

邪符和犯符

法師取一張邪符（驅邪功效）、一張犯符（治病功效），口中邊念咒語，同
時將兩張靈符十字形疊在一起，折成三角形，將三個三角符分別放入三個利是
封裏（裏面已經裝有一元紙幣），囑要隨身攜帶。符文是些筆劃繞來繞去的符
號，看不懂。法師解釋，符的文字內容為：「邪神速退、犯神速退」，兩種符要
一起用，否則無效，驅邪同時也要去病。每個法師所用的符不同，有些用手寫，

有些用符版印。法師用的符是他自己雕刻的符版印出來的，在原來的符上加上了他自己的創作。符版採用的是柳枝木，也有的法師用桃木或者霹靂木（即是被雷電劈過的樹木）。

為了說明其靈符的靈驗，法師舉了一個例子：一個朋友的外孫身上同時患了好幾種病，醫院無法醫治。法師認為是他的運程裏關重，陰邪重則百病侵，就幫他開壇，讓他每天燒一道符喝下，居然一天少一種病，最後痊癒了。做法是取兩張符放在蠟燭上點燃，將燃燒後的灰燼放在圓盤的米裏攪拌，取兩支香（象徵雙龍出海，保平安），在茶葉上方畫符並念咒，經過法事的茶葉在一年內喝，可保一年平安。咒語如下：

> ……轉運咯程，急急如律令！藥王仙師、醫靈大帝、華佗仙師來落藥，驅邪出外，盡殺病除，一切太平吉祥好運。

取一木桶，燒兩道符，將米少許、蘋果一個、茶葉少許、橘子、龍眼 2 個、硬幣 12 個、同時放入桶裏。待晚上洗澡完後，將熱水加進桶裏，用桶裏的水洗臉、擦身。

**過一品龍門**

法師一邊念龍門開光咒語：「光明光明，借用神火的光明」，一邊用 6 包煙搭成品字形，中間壓著一張面額為 50 元的人民幣。搭建好後，取一枝香左入右出，上進龍門；取一杯茶左入右出，上進龍門。然後請犯太歲者將此杯茶飲下。

過完龍門，法師右手持轉運刀挑起龍門的煙，拋給犯太歲者和觀眾，過龍門結束。法師解釋，一品龍門象徵一帆風順，分開的品字龍門適用於年輕的讀書人。加入了紙幣就帶來了財運。

以香和茶過一品龍門

### 收拾儀式供品

法師告訴當事人，做過儀式的供品，利是封可放衣櫃，熟蛋給男性吃，剩下的米和蘋果、香灰等一起放米缸，煮飯時連香灰一起煮食。剩下 6 道符（邪符和犯符），法師囑咐，倘若遇到不舒服就可燒一對泡水喝。

我參與觀察了幾次該法師做的儀式，之前只是旁觀，或協助做些準備工作。和法師熟悉後，便抽空向法師請教一些問題。問得多了，法師便會把他挎包裏隨身攜帶的法事書籍拿出來，給我講解。

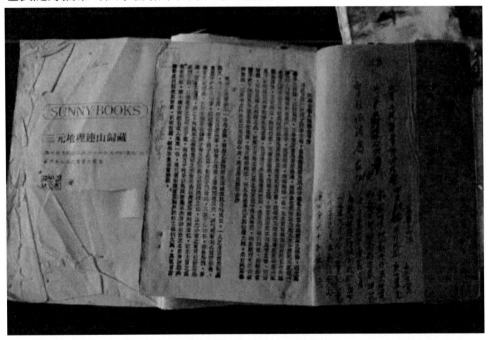

法師隨身攜帶的部分法事書籍

但法師普通話說不利索，我粵語又不行，幸好在場的 D 女士和她丈夫 H 先生在場，H 先生和法師又是老鄉，就請他們參與訪談，充當翻譯，當面或事後通過電話請教法師與儀式相關的一些問題。以下訪談為法師為 A 女士做過解犯太歲之後，大致整理如下：

問：L 師傅，今天法事叫什麼？

法師：今天是開壇解犯太歲，加上九宮八卦吉祥如意陣，就是孔明借東風的如意陣，本來是分兩次做的，今天一次做完算了。今天這個陣就是借力幫她，在她退休前借貴人力，延長她退休前的力度和時間。

問：如果是解太歲就不需要這麼複雜嗎？

法師：是。

問：難怪這次的開壇用品比上次要多。

法師：這次主要是九宮八卦陣用上了。

問：現在有這麼一種說法，解太歲，實際上是改變你的磁場，讓你的磁場和今年流年的磁場……

法師：沒錯了！就是把你的磁場改變，接新的磁場、氣場過來，就是這樣解釋。

問：那究竟什麼是太歲，網上有的說是神仙，有的說是木星。

法師：太歲實際上就是那年的年運！犯太歲就是同一個年份的地支，犯就是同樣的東西。

問：沖呢，什麼叫沖太歲。

法師：沖就是相沖，犯太歲，相同就叫「犯」。「沖」就是相沖，如豬和蛇、老虎和猴子、蛇和鼠相沖。現在有很多書都注得不清晰，讓你看不明白，相沖的卻又寫成相刑，很多人自己都沒搞清楚就上電視開講，誤導人生。電視臺誤導了很多人，我早就否定這樣的事情。有些人為了經濟，為了兩個錢，以為自己滿肚文學，大佬，你不是這一科的，你就別上去說呀。他就這樣上去了，不懂的人聽了就認為是這樣了。你不懂的話是更正不了的，只有懂的人才能更正他。現在我買一些新作者寫的書回來，我會改的。本來想看看別人有什麼新的意念，實際上他寫錯了，用錯文字，用文字表達錯誤了，例如己亥相沖，卻寫成己亥相刑，己亥相沖就不能說成犯太歲。

問：什麼叫破太歲呢？

法師：破太歲，例如今年的太歲是位於己位，東南方，如果你朝那個方向破土動工，就叫破太歲。這個不是對於八字來說的，而是對於動土說的。

問：什麼叫刑太歲呢？

法師：其實和沖太歲是一回事，如豬和蛇相沖。

問：為什麼蛇和豬會相沖呢？是不是蛇會咬豬，就叫相沖呢？

　　法師：豬和蛇相沖，就如水剋火，蛇屬火，豬屬水，水剋火，這
要從五行八卦說起。北卦、坎卦和離卦，離卦——己午未，南方火，
北卦——亥子丑，屬水八卦五行，金木水火土，相生相剋。〔註5〕

　　按照法師的推算，A家女主人的「解犯太歲」法事定在2013年農曆四月
舉行。因為她屬蛇，今年是蛇年，四月份是丁巳月，是蛇月，她今年（運程）
行蛇運，所以三重犯太歲。

　　問：我們在網上查資料，大部分都說解太歲要在正月進行，這
樣的說法有根據嗎？

　　法師：當然沒有根據啦！要根據不同人的八字來解的。

　　問：也就是不同人解太歲的時間是不同的，根據每個人的情況
來定時間的。

　　法師：是，不是隨便說說的。

　　問：為什麼選擇下午一點到三點這個時間點呢？這個時辰是未
時哦。

　　法師：我要取回她的貴人位給她，今天是戊寅日（虎日），未時
是羊時，是今天的貴人時。

　　問：但我們查黃曆，今天的吉時有幾個，為什麼就選這個吉時
呢？

　　法師：根據她的八字選擇。這個吉時最合適她的八字。

　　問：如此說來，時間的選擇是需要很精確的哦！

　　法師：當然要精確了，不然對你沒有用的。

　　問：儀式是不是一定要規定朝向的？

　　法師：沒有。

　　問：但是看一些資料說，儀式舉行時要講究朝向嗎？要朝東南
向之類的？

　　法師：那是不懂的人亂說的。如果算今天，戊午戊屬火，喜神
在東南、貴神在東北，但是我今天開壇不講方位。我覺得無所謂的。

　　問：您開的用品清單裏的東西有什麼用途，米用來做什麼的？

〔註5〕調查及訪談人：鄧啟耀、D女士（翻譯記錄）、H先生，被訪談人：廣東清遠
　　　　畬族L姓法師；訪談時間：2013年5月12日，地點：廣東省廣州市某住宅小
　　　　區。

法師：米用來壓米糧，用中國人的話來說，丁和財就像米那樣多；第二個把她的家神帶上來。

問：衣服呢？

法師：用來轉運，儀式做完，穿上衣服就意味著乾淨整潔了，順了，它成了吉祥的外衣了。保暖，一切平安了。

問：硬幣呢？

法師：用來念咒語，解索的時候用的。一個月用一個，解十二個月。把硬幣丟下水，一下水萬物都化解掉了。水能化煞，化萬物。

問：雞蛋為何用一生一熟呢？

法師：代表陰陽，生為陽，熟的為陰，等於是月亮和太陽。陰陽匹配才能長生，就像有女人和男人，才能孕育下一代，才能長生，陰陽平衡才能長生。

問：九封利是是用來擺陣的嗎？

法師：對，一封一個方位。

問：上次開壇好像是十封利是？

法師：上次是一封帶在身上，九封用來鋪床。

問：蘋果九個？

法師：那是久長世界。擺陣九個方位用。

問：橘子、糖呢？

法師：實際上這些祭品都是擺意頭的（拿個彩頭，意頭）。糖是表示生活甜甜蜜蜜，龍眼意味龍精虎猛；茶葉做完後喝和沖涼（洗澡），喝上一年保她沒事；煙是用來擺一品龍門陣的。

問：上次是煙6包？

法師：那是過龍門解關。

問：紅帶呢？

法師：用來解索，解了就沒有（冤結）了。百解三張是一人用一張，她家人在不在都一樣做的。

問：百解紙有大小，功效有什麼不同嗎？

法師：紙大小而已，功效一樣的。小的一毛八分錢一張。大的兩毛錢。

問：百解紙是否有一套的？

　　法師：只有一張而已。

　　問：當你把神請上來之後，你有沒有什麼特別的感覺？

　　法師：我能感覺到的，從心靈裏面感受到，一種叫做「神靈附體」。解太歲儀式其實就是通過開壇做法改變人的心境，進而改變磁場，從而改變運程。〔註6〕

　　從我們參加的兩個轉運儀式觀察，「解運風生水起九宮八卦陣」的儀式過程與「解太歲轉運九宮八卦吉祥如意陣」儀式大致相同。區別只在，A女士年歲已長，無需再為衣食奔波，能夠健康就滿意了，所以，當屬蛇的她因三重犯太歲而身體有恙時，就需要在蛇年蛇月擺「解太歲轉運九宮八卦吉祥如意陣」，用孔明借東風的如意陣，化解此厄，安康如意，紙符也就按此配搭，多選擇與福祿壽等相關的紙符；H先生正值中年，卻事業不順，所以，要為他設「解運風生水起九宮八卦陣」儀式，使其擺脫困境，事業做得風聲水起，為此要增加與財和事業有關的一些紙符，其功能是帶運程、幫財運、幫福祿。

　　在時間上，一般是十二年本命年犯一次太歲，但據法師解釋，運是根據十二支走的，和五行八卦對應時，就會發生各種相生相剋的感應關係，所以每年的運程不一樣。犯太歲就是那年的年運地支行到一起了。有人時運不濟，每年都犯流年太歲。而60年人生一甲子，屬蛇的遇蛇年，犯的是大太歲，年運地支行到一起，五行八卦相沖，幾重疊加，就有病災，所以要借助貴人，擺九宮八卦吉祥如意陣，借東風解太歲轉運。

　　至於轉運的辦法，法師多次說到「借」這個字，除了「借天運」「借東風」「借貴人」這類向靈界的「借」，還有就是「借別人的財運和財富用到自己身上」「白手借錢」這樣現實感很強的「借」（比如法師舉例說通過做轉運法事，而使一個房地產老闆「拿到一塊地，自己可以不出一分錢，別人負責一個億來做這個工程」）。按常理，有借就需有還，但據觀察和訪談，似乎沒有「還」這個程序。也就是說，法師受人之託，收了錢，就可以把別人的好運轉過來，「借」給當事人而且不說「還」的事。這按道理是不合規則的損人利己之事，但法師可為，當事人也可受，這就會引起唯物主義書呆子們的質疑。

　　當然，法事猶如世事。世事如斯，法事亦然。這一點，書呆子看不透，只能繼續抑鬱下去。

---

〔註6〕調查及訪談人：鄧啟耀、D女士（翻譯記錄）、H先生，被訪談人：廣東清遠佘族L姓法師；訪談時間：2013年5月12日，地點：廣東省廣州市某住宅小區。

## 四、太歲符視覺形式的顯義與隱義

我國民間觀念認為，天上有六十個太歲星君，每年輪流下界護佑眾生。流年太歲，掌管著人間一年的吉凶禍福。人的屬相與流年太歲有著刑、沖、破、害的不利關係，即為犯太歲。犯太歲的人，諸事不順，嚴重者有意外血光之災。〔註7〕

紅色太歲符。雲南大理　　　　　　黃色太歲符。雲南大理

太歲符就是專用於化解衝犯流年太歲的一種道符。長期以來，太歲符以其豐富的視覺語言和圖像敘事方式幫助人們禳除衝犯太歲而帶來的煞氣，是祈請太歲護佑的最佳方式。〔註8〕本文擬通過對太歲符圖像敘事方式的解讀，揭示其中所蘊含的視覺語言。本文認為，太歲符用圖像敘事的方式表達了顯義與隱義兩層語言涵義。顯義，是可直接從符的圖像形式中解讀出來的信息，而隱義則是指蘊含於圖像形式之中，通過觀察、分析方能勾勒出的文化線索。

---

〔註7〕劉道超：《論太歲信仰習俗》，西南民族大學學報，人文社科版，2004（9）：341～343。

〔註8〕邢路軍、蔡小華：《太歲信仰與太歲習俗研究進展》，河北旅遊職業學院學報，2009（4）：86～88。

## 1. 太歲符的顯義：信仰觀念的視覺呈現

宗教信仰的視覺呈現

### 1. 太歲符的顏色黃、紅、黑是宗教信仰中具有豐富內涵的色彩

太歲符分陰陽兩種，黃色、紅色為陽符，黑色為陰符。〔註9〕採用這三種顏色與我國傳統宗教信仰中顏色的文化內涵有關。

先來看黃色。黃色是土地的顏色；五色配五行五方，土居其中，黃色因成為中央正色；中央正色的地位產生以黃為尊的思維定勢，輻射到土地之外，又指稱疆域和帝王；〔註10〕黃色與「有土德之瑞，土色黃，故稱黃帝」的觀念結合產生黃帝神話。黃帝神話與方仙術結合，成為黃老道，為道教的起源。〔註11〕之後，黃色進一步與道教觀念結合，逐漸具有了招神、驅邪的神力，成為與神靈溝通的主打色。符的顏色以黃色居多，在祭祀儀式場合給神靈呈進的「疏」、「表」等，也是黃色的。

再來看紅色。太陽是紅色的，紅色因而被認為是太陽的象徵；紅色還是血的顏色，是生命力的象徵，常和施行與靈魂有關的巫術聯繫在一起。〔註12〕因而在宗教文化中紅色逐漸演變成能驅邪避禍的顏色。

而黑色在我國傳統文化中兩面性的內涵較突出，一面象徵剛直、肅穆，一面象徵陰暗、恐怖、死亡。

太歲符對黃、紅、黑色彩的使用很大程度上就是取其驅邪避災的文化含義，同時也吸納了我國古代對天地空間的認知。古人把天地空間分為東、西、南、北、中五方，各方又分屬木、金、火、水、土五行，五行五方又分別對應青、白、紅、黑、黃五色。多種觀念的綜合作用，賦予了太歲符獲得神力的基礎。

### 2. 太歲符的材料朱砂、墨是宗教信仰中驅邪納吉觀念的載體

做太歲符的材料和其他符一樣，以帛和紙居多。用帛可能是因早期畫道符時紙較貴重，不能普及使用，後世又沿用成習之故。

朱砂和墨是畫符常用的材料，其中又以朱砂為多見，朱砂也是傳統觀念中能辟邪的聖物。古代著名神諭事件中帶有神力的材料多是用朱砂寫的，周文王、陳勝、吳廣、王莽等人就是依靠丹書得到上天的旨意，丹就是朱砂。用朱砂畫

〔註 9〕李遠國：《道教符籙與咒語的初步探討》，中國道教，1991（3）：22～27。
〔註10〕張分田、許哲娜：《黃色成為君權符號的文化動因》，天津師範大學學報（社會科學版），2006，188（5）：39～44。
〔註11〕汪啟明：《道教起源與黃色、黃帝崇拜》，宗教學研究，1992（21）：64～68。
〔註12〕門德來、唐嵐：《中國傳統色彩研究之紅色崇拜》，南方論刊 2010（10）：95。

符就是承續了丹書與上天有聯繫的觀念，用丹書來代表上天的旨意。〔註13〕

墨是古人常用的書寫工具，古人認為寫有字的紙具有神力。《聊齋》、《二刻拍案驚奇》等作品中都有愛惜有字紙而延年益壽或是獲得神仙護佑的故事。道家用墨畫符也是借助字紙的神力驅邪納吉。

### 3. 太歲符文字和圖畫結合的形式是宗教信仰中字畫通靈觀念的表達

古人認為，寫有字的紙、畫得逼真的畫具有神力，它們和神秘的靈界有數不清的淵源。文字被倉頡造出後，鬼哭得很傷心，原因是以後有能治住它們的東西了。而愛惜字紙能得福佑，逼真的畫中人、物往往帶著靈界的信息從畫中來到人間也是文學作品中常見的內容。太歲符採用文字和圖畫結合的形式含有字畫通靈觀念的因素。

當然，符採用文字、圖畫結合的形式也涉及圖畫和文字的關係問題，蘊含文字起源、演化的線索。

### 4. 太歲符中神鬼、巫術、宇宙空間等內容構成是宗教信仰中的主要組成部分

相信在人所處的物質空間之外有一個神靈鬼怪的世界，是道符最基本的思想基礎。各類神和鬼構成龐大蕪雜的體系，影響著人們生活的方方面面。太歲符中也有一個神靈世界：太歲年值年星君、太陽星君、南斗星君，六甲神將、天官、北斗星君、太陰娘娘，六丁大兵。

符頭中部彎曲的曲線應是三清的符號，三清是道教的最高神，指道教尊崇的玉清、上清、太清三清境，也指居於三清境中的三位尊神：玉清元始天尊、上清靈寶天尊、太清道德天尊。道家認為符是奉三清命令召神遣將的，所以符頭一般都有代表三清的符號。下面唵佛字樣是本符的符神。

符中的「敕令」字樣是遣神的命令，蘊含巫術的主要思想，即借助超自然力量來控制人或事或對其施加影響。符中用「敕令」二字就是希望借助所遣神的力量為人們消除命理中的不良影響。

接下來的日月星辰圖案呈現的是宇宙空間信仰。古人對星象、宇宙的觀察形成完整的宇宙空間信仰體系，這個體系把日月星辰、陰陽五行、社會人生、生死禍福都密切聯繫起來。這些思想映像到宗教中，形成人們居住的俗世空間和神鬼仙怪居住的靈界空間。

---

〔註13〕劉曉明：《中國符咒文化大觀》，南昌：百花洲文藝出版社，2010 年版：10～89。

符頭左右兩邊是日、月的象形圖案。日下面五個連接的圓圈是星辰圖案，代表南斗六星。月下面七個圓圈也是七顆星辰，應該是北斗七星。符膽的左右兩邊分別有七個連接的圓圈，第一顆很可能是當年的值年星君，接下來連接的星座每一個旁邊都有一個「免」字（有些太歲符是「雷」字），分別是當年犯了太歲的星座。

咒語下面有一八卦。八卦是一個有複雜意義的象徵符號，用在太歲符中大體上是取其陰陽五行及天地雷風、水火山澤的象徵意義及與社會、人生相連的關係。

宗教的最終目的仍是現世關懷，信仰者的種種宗教行為最終都將落實在對現世幸福的期待上。符尾及邊角的賜福、鎮宅光明、招財進寶、聚寶、闔家平安（一生平安）字樣就是宗教信仰中現世關懷的視覺化表達。

**命理秩序的視覺呈現**

從太歲符的結構上看，日與南斗組合、月與北斗組合，南斗主生，北斗主死，秩序不可亂。二者並列，即生死並列，是自然的命理秩序。主神太歲星君、八卦調解生死陰陽，放在生死命理的中間，代表用之調節被破壞的命理秩序。最高神三清在符頭，本符主神太歲星君居中，六丁六甲在側，符尾及邊角是人的願望，也代表著人在宇宙秩序中的位置。

黃符中「已開光」字樣則是畫符者對符神力的說明，是規範命理秩序的再次強調。

從太歲符的視覺形式看到符所表達的完整含義是：按三清旨意，唵佛命令太歲值年星君到此坐鎮，免除衝犯太歲人的一切災難。太陽星君和南斗星君傳令六甲神將，讓天官賜福給人們、保佑他們家宅光明。北斗星君和太陰娘娘命令六丁大兵為人們招財進寶、護佑他們闔家平安。

由上可看出，太歲符是信仰觀念的視覺呈現，它通過顏色、圖案、文字等視覺形式的有序彙集把人們能感知的物質世界與不可觸見的神鬼世界及玄秘莫測的命理聯繫了起來。

## 2. 太歲符的隱義：社會關係的象徵性表達

### 道士與信眾的關係

太歲符的顯義呈現出宗教和命理秩序的雙重信仰。接下來的問題是，它究竟呈現了誰的信仰？道士的，還是普通信眾的？

一般來說，太歲符要獲得靈力須由有高強法力的道士凝心靜神、全力與神交感繪製而成，而符要產生驅邪避禍的效力則更多要靠廣大信眾的使用。由此，不得不進一步追問，一張發揮靈力的太歲符背後究竟隱藏了道士和信眾怎樣的關係？

我們知道，長期以來生活在社會底層的廣大人民群眾更多地與疾病、災荒、飢餓、漂泊流離等字眼聯繫在一起。殘酷無奈的生活現實促使他們尋求一種對操控人生命運的神秘力量的敬畏和依賴，希望通過對這種不可知力量的祈求、控制來改善生活從而改變自己的運程。

另一方面，道教在長期尋求生存的過程中，不斷地採取「向下生存」的策略，與人們群眾生活連接非常緊密。很多道教經文提到解決百姓生活危難的策略，如何收治鬼怪，如何用符、水為人治病等。道士中還專門分出一類在家修行，過世俗娶妻生子生活的火居道士，他們在不舉行宗教科儀的時候過著和普通群眾一樣的生活，這為道教在民間的傳播提供了很便利的條件。〔註14〕即便是那些正式出家，嚴格遵守道教歸儀的道士們，其宗教生活的很大部分也與普通群眾的生活密切相關，專門設壇做法，為他們超度亡靈、安龍奠土、驅鬼逐魂、祈福延壽……

可以這樣說，道士們通過自己掌握的專業宗教知識，用法事、符籙等手段為信眾提供了實施信仰的具體操作方式，滿足他們求福避凶的心理需求，從而為道教在生存競爭中獲取了更多的信眾。

而我國民間信眾們普遍缺乏系統的宗教知識，甚至信仰體系都處在多元混融的狀態，實施信仰的過程需要借助掌握專業宗教知識的人員為其操作、實施。這樣道士與信眾在信仰上達成了一種供需關係。就太歲符而言即是道士借助信仰的力量，通過信眾的宗教行為迎合那些因命犯太歲，以致命理正常秩序遭到破壞的人們欲求恢復正常秩序的內在需求。

### 社會的層序關係

太歲符主要是對太歲的信仰，太歲信仰的實質就是一種社會的層序關係。古代歲星紀年法假設了一個與歲星反道而行的星座，是為太歲。太歲由於代表歲星，成為歲星之神、北斗之神，最後成為天帝的象徵，進而又成為天帝與人皇的雙重象徵。所以，對太歲的崇拜與敬畏實質是對天帝的崇拜及對人間皇帝

〔註14〕卿希泰、詹石窗主編：《道教文化新典》，上海：上海文藝出版社，1999 年版：88～200。

的崇拜。〔註15〕太歲星在演變中既被賦予天帝與人君的雙重象徵，自然成為封建統治秩序與尊嚴的象徵符號。〔註16〕從這點上說，對太歲的信仰實則是對天地星象的運行規律及與之相關的世俗人生命理秩序和代表人間皇帝統治下的尊卑層序關係的確證。

　　從太歲符的結構形式上看，主神太歲星君與八卦一起放在中間，最高神三清在符頭，本符主神太歲星君居中，六丁六甲在側，符尾及邊角是人的願望，代表著人在宇宙秩序中的位置。整張符的結構排列出一種有序嚴謹的層級，從上到下分別是三清、太歲星君、六丁六甲、人。這種結構排列是神的等級及神、人秩序的反映，也可以說是現實社會層序關係的折射。

　　太歲符體現社會的層序關係是一種必然。如前所言，道教以正統宗教的形式調和了道士和信眾的供需關係，實現了宗教與個體之間的交織和轉換。另一方面，從整個道教的發展史上來看，道教也曾幾次借助統治權力獲得了極大的發展空間。道教一面關注下層群眾的信仰，一面也把自己鑲嵌在權利制度中，爭取更大的空間。道教取得飛速發展的第一階段，即魏晉南北朝時得到帝王統治者的支持，從民間的道團上升為官方承認的正統宗教。之後唐王朝李氏皇族與老子攀親，政治上給予大力扶持，也為道教的進一步發展注入活力。及至北宋、明朝，帝王皆有迷信道教成風者，這在很大程度上為道教的生存提供了土壤。〔註17〕道教與統治集團的結合必然把權力的層序關係折射到神靈系統及符籙科儀之中，以迎合統治者的需要。而且在中國，等級關係、尊卑倫理秩序長期滲透到人們思想意識層面、社會文化層面，道教作為中國土生土長的宗教，將之表達出來是很自然的。

### 社會關係的調整

　　太歲符中太歲信仰本身就是信眾與信仰對象間關係的一種調整。從我國古代對太歲的信仰來看，其禁忌甚多。人們出行、遷徙、動土、修葺，幾乎與日常生活相關的方面都忌諱犯太歲，民間有「太歲當頭座，非災即是禍」的說法。可見，太歲在民眾信仰觀念裏並非一直是迎吉納福之物，而是若不慎衝犯便有災禍降臨的不祥之物。從民間傳統觀念來看，所信仰崇奉的對象以驅邪納

〔註15〕鍾國發、龍飛俊：《恍兮惚兮：中國道教文化象徵》，成都：四川人民出版社，四川出版集團，2007 年版：20～137。
〔註16〕楊春時：《藝術符號與解釋》，北京：人民文學出版社，1989 年版：3～186。
〔註17〕任繼愈主編：《中國道教史》，北京：中國社會科學出版社，2001 年版：17～265。

吉之物為多，民眾對於能帶來災禍的事物，一般是心存厭惡，想盡辦法驅趕。比如，眾多紛繁的驅邪逐鬼儀式。太歲既是災星能帶來災禍便應設法驅之。而現實情況是，災星太歲不僅成為信仰對象，還演變成神太歲星君。這應看成民眾與信仰對象關係的調整。對於能帶來巨大災禍的事物，民眾可能因為懼怕而信仰、供奉，以求災禍遠離自己從而保平安。

　　從太歲符的應用上看，它用於化解衝犯流年太歲而帶來的煞氣。而前面也說過，太歲符體現出一種社會的層序關係、天地星象的運行規律、世俗人生命理秩序、人間的尊卑關係等。所以，命犯太歲是人的屬相與上天控制下的命理秩序發生衝突，繼而影響了人們社會生活的正常秩序，混亂了上天為人間事先安排好的生死禍福、尊卑倫理。尊者可能因命犯太歲而諸事不順，落入卑者的行列。太歲符被用來化解這些混亂倫理，將破壞了的層層關係拉回到正常的軌道上來，是對社會關係的一種再調整。

　　圖像信息或視覺符號信息，是人類獲取信息來源的主要渠道之一。人們在日常生活中所獲取的信息來源，除了文字之外還有大量的圖像信息。通過圖像的視覺形式解讀其後蘊藏的思維觀念和特定人群的生存狀態，是視覺人類學研究的內容之一。〔註18〕就太歲符而言，其視覺形式的隱義所表達的是信仰者個體、道士與統治者或國家的複雜互動關係，這些關係又通過符中的文字、圖案得到象徵性表達，從而建構起三者之間的信仰構架。本文對太歲符視覺形式的解讀是視覺人類學通過視覺形式探討其後的視覺思維和人類活動研究方式的一次嘗試。〔註19〕

---

〔註18〕鄧啟耀，視覺表達與圖像敘事〔J〕，廣西民族學院學報：哲學社會科學版，2004（1）：114～115。

〔註19〕第四節部分由本項目組成員、中山大學人類學系博士研究生杜新燕調查撰寫，刊於《大理學院學報》第13卷，第5期，2014，5。

# 第十八章　民俗雕版木刻呈現的空間層次、方位與邊界

　　人類對於空間的認知，不僅僅局限於肉眼可見、肉身可感的自然空間，也涉及身體不可及只有靈性才能覺知的超自然空間。

　　靈性屬於文化心理層面的概念。不同文化心理傳統對於空間的認知和想像，也會產生不同的觀念形態和文化表述。

　　神話、道教、佛教和民間信仰表述的空間類神靈，涉及空間層次、空間方位、空間邊界以及管轄區域和重要關口等空間通道。在不同的空間層次、方位、邊界、轄區與通道，有不同的「神靈」統轄，體現了空間控制的權力。

　　民俗雕版木刻將人們對無形空間「神靈」的想像，創製為種種神奇的可視化形象。

## 一、空間層次

　　早在世紀之初，中國古神話，已經在嘗試描述一個非肉眼可見的巨大空間，例如無邊無際的混沌。然後，清升為天，濁降為地，陰陽化合，形成日月星辰、大地山川。或經類似盤古這樣的神人開天闢地，化生萬物；或巨靈撐開天地，留出眾生的生存空間，形成現在的世界。

　　中國道家（哲學）和道教（宗教）沿襲古神話之說，對空間做進一步的結構化闡釋。他們將宇宙本元描述為太極。太極混生，陰陽化合，混沌初開。一生二，二生三，三生萬物，相生互補。其空間關係，在平面上是四極五方，在

立面是天、地、人三界。四極空間對應四季時間，以四靈為象；五方對應五色、五音、五臟、五行等等；三界空間也極其複雜，天界星宿對應地上山河與人事，地上風水感應現在和未來，冥界審判更細分出十八層地獄。在可見的空間和事物之外，有一種靈性的、超時空的存在。信仰道教的瑤族認為，世界上存在著天道、地道等 6 個道，其中 4 個道為「利道」，2 個道為「害道」。

　　佛教把宇宙空間及其生命，描述為十法界（地獄、餓鬼、畜生、人、阿修羅、天、羅漢、緣覺、菩薩、佛），在每一界不同的生命層次中，都有著不同的時間、空間、速度以及不同的生活環境、生存方式和溝通方式。或稱「欲界」「色界」「無色界」，還有在三界六道之上的「四聖法界」。佛教的原始經典《阿含經》形象地描述了佛教的宇宙觀，認為無限的宇宙空間，由無數個世界構成。每個世界都有一個物質的大地為基礎，中心是須彌山，周圍對稱分布著七香海和七金山，七重金山外是鐵鑄的鐵圍山圍繞著的鹹海，海中是四大洲、八中洲、無數小洲，外圍為鐵圍山環繞，上空有一日一月和無數星辰。這些要素聚合在一起，形成一個世界，而這個世界的平面結構就被稱為「曼陀羅」。〔註 1〕對「曼陀羅」的描繪是藏傳佛教藝術常見的題材，其中，各種版本的雕版木刻，也很流行。

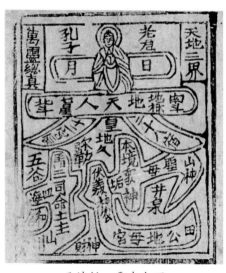

天地紙。雲南大理

　　無論是萬物有靈還是諸神眾鬼，是十法界還是三清天，是釋迦、老君還是孔夫子，老百姓都是拿來就用的。所以，在這些紙符上，我們看到的是神話般

〔註 1〕宋衛紅：《藏文化的空間句法》，刊於《民族藝術》2016 年第 1 期。

的靈異世界，是三教合一的空間理解。比如下面這張「天地紙」，既有孔子、佛陀（或彌勒）、老君三教教主，有天地日月星辰后土山川諸神，又有和黎民生計密切相關的田地、五穀、財富之神，有司命、和合的生命與生活之神。看得出來，只要放得進，老百姓是差不多想把「天地三界、萬靈總真」全部囊括入懷的。

　　當然，關於陰陽的觀念，還是深深地融進了人們空間分層的視覺表達中。比如，除了空間總體的天陽地陰，在同一空間層次上，還又有不同：陽的天界有「月府太陰」，陰的地界有「土公土母」「田公地母」等。

融合了法輪、佛教寶器、陰陽八卦、十二生肖等符號為一體的風馬旗。內蒙古，2009，筆者攝

## 1. 天界

　　俗信者心目中的天界，是最高層次的靈性空間，擁有統轄三界的權力。但不同文化描述的天界，景觀有所不同。

　　道教描述的天宮祥雲繚繞，到處瓊樓玉宇，最高境界是玉清元始天尊、上清靈寶天尊、太清道德天尊，所以道符一般都要在符的最上方畫三個折線代表三清，方有力量。至於玉皇大帝、文武百仙及其等級，基本是人間權力系統的翻版。天界和人間的關係，如同朝廷和民眾的關係。天庭主宰著人世的一切，庶民很難有升仙的通道，神仙犯錯則會貶到凡間。

　　佛教描述的華嚴世界，更是「諸色相海，無邊顯現」「凡諸物象，備體莊嚴」。虛空大雲、金剛之地、菩提寶樹、宮殿樓閣、髻中妙寶、一一毛端，皆

「令此道場一切莊嚴於中影現」,「三世諸佛所有神變,於光明中靡不咸睹;一切佛土不思議劫所有莊嚴,悉令顯現。」〔註2〕

上天不可思議的景象,是一方小小紙馬無法描述的,雲上的宮殿和盡在不言中的陰陽圖,可能就是民間木刻藝人力所能及描繪的圖像了。

### 大梵天宮

大梵天宮。雲南昆明　　大梵天宮。雲南昆明　　大梵天宮。雲南昆明

### 月府太陰

月府太陰。雲南大理

〔註2〕《大方廣佛華嚴經》卷第一·世主妙嚴品第一之一,于闐國三藏實叉難陀奉詔制譯,宗教文化出版社 2019 年版。

## 2. 地界

空間層次中的地界包括土域和水域。

土域主要是人和禽獸生活的地面空間。地面空間有雙重統治者，一是人王，二是遍及大地的自然神靈。

土域符像有山神土地、土神、岩神、土公土母、樹神和樹木之神等碼子（詳見第八章之五、山神土地）。正月間出行要祭，祭了清吉平安；清明要祭獻亡人，在有「山神」字樣的石頭前殺一隻紅公雞，把雞血滴在石上，焚化山神碼子，然後到墳前祭獻亡人；喪葬埋人、祭山、上山打獵、砍柴、採藥、挖礦取土、修房建屋，動了龍脈地氣，都要祭獻山神土地。陽宅與「五方五土紙」（只用紅色）相配，用公雞祭獻。為什麼用雞？因為雞為鳳，以鳳引龍。陰宅以兩張配套。人或牲畜像不穿衣服一樣冷得發抖，是撞著了山神。要用五六對紙盒，三牲元雞去祭獻。

**土域符像**

土神。雲南巍山　　　　　山神土地。雲南巍山

**水府符像**

水域又稱「水府」，是地面世界和地下世界之間的一個模糊地帶，主要是水族眾生在其中生活，最高統治者是龍王。人借助漂浮器或游泳，可部分地介入水中生活，但活動空間相對有限。

與水域相關的符像馬子有水神、龍王、河伯等（參見第八章之六、水神龍王）。以農業為命脈的族群，在水的問題上最為小心，不能亂堵亂放，不能弄髒了水源。祭獻龍王在在吃水處獻。年三十晚上，備三牲、齋飯、茶酒，擺在水井前，或者水龍頭旁邊，祭獻後燒龍王馬子，配一份銀錢、一對錁子。發山洪、謝土也獻。

水府龍王。雲南昆明

水府龍王。雲南大理

水府龍王。雲南大理

水府龍王。雲南巍山

水府龍王、水府娘娘。
雲南大理

水府諸神。地點未詳

## 天地紙

### 天地

正壇正對南窗，設天地之位。天地之神管天上地下所有一切。過年過節，年三十晚上，「天地」加「喜神」，黃錁白錁五對，一份錁配三炷香，在家裏燒；結婚拜天地，可和喜神馬子同用；建房、喬遷、謝土也要祭獻天地，殺一隻公雞，取一砣豬肉，三對錁子，九炷香，三份黃錢，一對紅燭，求清吉平安。

天地。雲南騰沖

天地。雲南梁河

天地。雲南騰沖

天地之神

天地之神。雲南洱源

天地總聖

天地總聖。雲南曲靖

天地人三界

　　在天地之位，把「天地三界」馬子貼在中間，配「月光」、「灶君」等馬子。左方為大，供奉灶君；右方供祖，拿黃紙貼在樓上，旁邊配「搬財童子」、「運水將軍」。「天地三界」馬子一般在年三十晚上獻。殺一隻公雞，獻一坨肉，三對粿子，九炷香，三份黃錢，一對紅燭，求清吉平安。「磕了天地頭，人就不串門了。這個時候一家不進一家。

天地三界。雲南巍山　　　　天地三界。雲南巍山　　　　天地三界。雲南巍山

天地人三界。雲南保山　　　天地人三才。雲南保山　　　天地三界。雲南芒市

天地三界。雲南保山

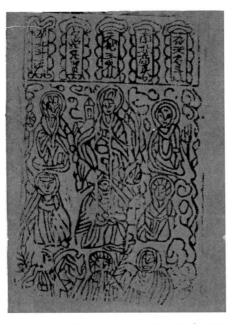 

主體為道教神靈的天地三界。雲南昆明　　　　　　天地三界。雲南保山

天地三界。河南開封朱仙鎮年門畫。開封博物
館年畫展廳展品

### 3. 人間與冥府的中轉空間

　　人間和冥府是性質絕然不同的兩界空間，一陰一陽，一生一死。人間即陽世，主生；冥府為陰間，主死。

　　城隍是人間保境安民之神，在雲南大理等被奉為土主；也主司冥藉，是亡靈報到註冊的中轉者，屬於在人間和冥府兩界之間遊走的神靈。在雲南巍山，城隍又分內城隍和外城隍，內城隍負責接管來自人間的亡靈，外城隍負責把審查合格的亡靈送到蒼山祖地。外城隍的職責，類似接引菩薩和西方接引南無阿彌陀佛。

#### 城隍紙

　　城隍管轄地的人死了，亡魂都要在他那裏「打交代」（註冊）。人死三至七天要祭獻焚燒城隍馬子，讓亡靈「落戶」，因為亡靈「三日不吃陽間飯，今天爬上望鄉臺」。道士為人做超度儀式時，要發「知照」文書，請城隍老爺「拘解亡魂到壇」。如遇重病、「丟魂失魄」或疑難糾紛事件，民間也會請出城隍老爺判案。清明、中元節事涉冥界，城隍老爺是必得要請的。農曆五月初一是城隍生日，處處都要做會。需有孝敬，包一份錢紙，連同城隍符像，到城隍廟祭獻燒化。

#### 城隍司

城隍司。雲南巍山

城隍社（赦）令

城隍社（赦）令。雲南大理

城隍土主

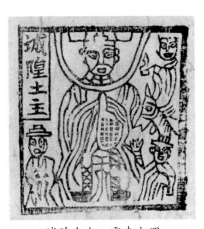

城隍土主。雲南大理

本縣城隍

城隍。雲南巍山　　　本縣城隍。雲南騰沖　　　本縣城隍。雲南巍山

本縣城隍。雲南巍山　　　本縣城隍。雲南大理　　　本縣城隍。雲南大理

## 本州城隍

本州城隍。雲南大理

## 城隍之神

城隍之神。雲南大理　　　城隍之神。清末，北京〔註3〕

〔註 3〕引自蕭沉博客：《俗神》（圖為日本人20世紀初收藏）http://xiaochen.blshe.com/
　　　post/78/503808，2010,2,11。

## 4. 地府

關於陰司地府最深入人心的描述，應該是十殿閻羅、十八層地獄的細分。還有就是六道輪迴的因果之說。

### 地藏紙

地藏王流傳最廣的一句話是：「我不入地獄，誰入地獄」「地獄不空，誓不成佛；眾生度盡，方證菩提。」可惜世間惡人太多，地獄不但空不了，反而機構設置越來越龐雜，以應對嚴峻的形勢。「幽冥教主」地藏菩薩一個人忙不過來，不得不下設十殿，分由不同的閻王管轄。由於罪行千奇百怪，不得不再設十八層地獄，制定嚴密的懲戒法規，招募各種妖魔鬼怪來執法。

### 地藏王

地藏王菩薩之神。雲南大理　　地藏王菩薩。雲南大理　　　地藏王。雲南大理

### 文武地藏

文武地藏。雲南大理

## 地藏十王

地藏十王即地獄十殿閻王，原為印度神話中管理陰間之王，佛教沿用此說，並分別命名為秦廣王、楚江王、宋帝王、五官王、閻羅王、卞城王、泰山王、平等王、都市王、五道轉輪王。後來道教也沿用此說。〔註4〕

地藏十王。清末，北京〔註5〕

## 十王真君

中國古代文武官員打扮的十王真君。

十王真君。雲南巍山　　　　　　　十王真君。雲南巍山〔註6〕

---

〔註4〕宋兆麟：《華夏諸神——民間神像》，雲龍出版社 1999 年版，第 213 頁。

〔註5〕以上四圖引自蕭沉博客：《俗神》（圖為日本人 20 世紀初收藏）http://xiaochen. blshe.com/post/78/503808，2010,2,11。

〔註6〕這倆圖採自趙寅松、楊郁生主編：《中國木版年畫集成·雲南甲馬卷》（集成總主編馮驥才），中華書局 2007 年版，第 192 頁。

### 鍾馗

鍾馗本無其人，而來源於驅鬼的棒槌——終葵，後被人格化，加上唐明皇夢遇鍾馗並讓吳道子畫其像，從而變成鎮鬼辟邪之神。〔註7〕民間傳說他是因相貌醜陋落榜而自殺的考生，民俗版畫中的鍾馗，或面目猙獰，或仗劍招蝠（福）。

鍾馗。北京，民國　　　鍾馗。北京，民國　　　鍾馗。北京，民國〔註8〕

### 判官大神

判官是閻王的助手，主管生死簿的陰吏。他一手握筆，在生死簿上一劃，即決定人的生死。

胖（判）官大神。雲南玉溪〔註9〕

〔註7〕宋兆麟：《華夏諸神——民間神像》，雲龍出版社1999年版，第223頁。

〔註8〕鍾馗三圖引自美國哥倫比亞大學史帶東亞圖書館編：《美國哥倫比亞大學史帶東亞圖書館藏門神紙馬圖錄》，中華書局2018年版，第57、62、64頁。

〔註9〕本圖採自趙寅松、楊郁生主編：《中國木版年畫集成·雲南甲馬卷》（集成總主編馮驥才），中華書局2007年版，第195頁。

### 刀山血山

刀山血山應為地獄傳說的寫照之一,指生前罪惡較大而必入之地。類似的描述應該還有,如血神、口舌、小人、失孝等,都是十八層地獄要懲罰的罪行。不洗清這些罪行,就不得超度。

刀山。雲南建水〔註10〕

刀山血山。雲南昆明

# 二、空間方位

與方位相關的符像馬子有四方大帝、五方土或四方土龍神等,供奉東西南北中「土神」碼子5個。「四方大帝」即西方白帝、北方黑帝、南方赤帝、東方青帝,加上中央黃帝為五方土,其方位、色相、陰陽魚和八卦均為道教陰陽五行及其空間概念的形象演繹。「四方土龍神」與其性質相似。蓋房必搬石動土,會驚動四方土龍神,所以要以謝土等儀式來加以安撫和酬謝。四方大帝、五方土或四方土龍神的祭壇按各個方位名號擺放。祭祀儀式大多在晚上進行。

## 1. 四靈紙

道教神靈系統中的方位神比較著名的,是以靈性化動物為「四靈」的青龍、白虎、朱雀、玄武。青龍方位在東,居左,色青,主萌發;白虎方位在西,居右,色白,主肅殺;朱雀方位在南,居前,色赤;玄武為龜蛇合體,方位在北,居後,色黑。

---

〔註10〕本圖採自趙寅松、楊郁生主編:《中國木版年畫集成‧雲南甲馬卷》(集成總主編馮驥才),中華書局2007年版,第311頁。

### 青龍

青龍是道教神靈系統中的四靈之一，屬方位神、護衛神，位居東，居左。蓋房謝土時，一般要配齊青龍白虎、朱雀玄武「四靈」，與「四方大帝」「五方土」等碼子配合使用。

青龍。雲南大理

青龍神君。雲南大理

青龍神君。雲南大理

青龍神君。雲南大理

青龍。清末，北京〔註11〕

### 白虎

白虎是道教神靈系統中的四靈之一，位居西，居右。本屬方位神、護衛神，但不知怎麼無論在風水術還是民間信仰裏，它都是個引起麻煩的傢伙。人老愛吵架，口舌是非多，跟人過不去，就是撞到白虎了。如果是蓋房謝土，則和四靈一起祭獻，故在雲南巍山又叫「出盤碼子」。人有白虎找，會心亂如麻，走投無路，就要備鹽、飯、茶、酒、三牲，用蒿子搽鍋，煮飯的泔水也先擺獻，

---

〔註11〕引自蕭沉博客：《俗神》（圖為日本人20世紀初收藏）http://xiaochen.blshe.com/post/78/503808，2010,2,11。

祭祀完才拿起喂豬。如果是蓋房謝土，則和四靈（青龍、白虎、朱雀、玄武）一起祭獻。如果結婚那天遇白虎，就不會生育，要請人做儀式送白虎，重新安新床，像重新結婚一樣。

白虎。雲南巍山　　　　白虎。雲南巍山　　　　白虎。雲南巍山

白虎。雲南畹町　　　　白虎。雲南保山　　　　小白虎。雲南巍山

白虎。雲南德宏　　　　白虎神君。雲南大理　　　白虎。雲南保山

白虎。雲南騰沖　　　　　　　白虎局部。雲南騰沖

白虎。雲南騰沖　　　白虎之位。清末，北京〔註12〕　　遣送白虎。未詳

## 朱雀

四靈之一，屬方位神、護衛神，位居南，居前。一般與「四方大帝」「五方土」等碼子配合使用。

  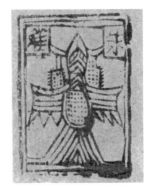

朱雀。雲南保山　　　　朱雀。雲南保山　　　　朱雀。雲南保山

〔註12〕引自蕭沉博客：《俗神》（圖為日本人20世紀初收藏）http://xiaochen.blshe.com/
　　　　post/78/503808，2010,2,11。

朱雀。雲南保山　　　　　　　朱雀局部。雲南騰沖

## 玄武

四靈之一，屬方位神、護衛神，位居北，居後。一般與「四方大帝」「五方土」等碼子配合使用。

玄武。雲南保山　　　　玄武。雲南保山　　　　玄武。雲南保山

青龍白虎。雲南騰沖　　玄武朱雀。雲南騰沖　　玄武朱雀。雲南大理

## 2. 四方紙

### 四方大帝

「四方大帝」即西方白帝、北方黑帝、南方赤帝、東方青帝。人死落葬、建房蓋屋，凡是要動土的事，都要祭獻四方土神。

四方大帝。雲南巍山

四方大帝。雲南巍山

四方大帝。雲南巍山

四方大帝。雲南巍山

「四方大帝」碼子。雲南巍山

### 3. 五方紙

東南西北「四方大帝」，加上中央黃帝為五方，其方位、色相、陰陽魚和八卦均為道教陰陽五行及其空間概念的形象演繹。包括「五方土」「五方鎮信」「五方龍神」紙符。

#### 五方鎮信

「五方鎮信」紙符，印在五色紙上，謝陰土和陽土用。五方土的祭壇按五個方位名號擺放。祭祀儀式大多在晚上進行。

五方鎮信。　　　（五方）鎮信。　　　五方鎮信。　　　五方鎮信。
雲南騰沖　　　　雲南騰沖　　　　　雲南巍山　　　　雲南大理

 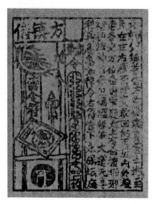 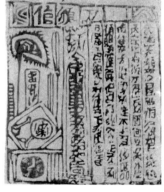

五方鎮信。雲南畹町　　　五方鎮信。雲南保山　　　五方鎮信。雲南保山

#### 五方土或五方土龍神

「五方土」亦稱「五（四）方土龍神」紙符，分別印在紅、黃、綠、紫、花五色紙上，代表東、西、南、北、中五個方位，謝陰土和陽土用，也用於送病或不順之事。請巫婆來看，當事人身上有沒有「兵馬」（意為衝撞到邪靈），就要做法事送走，解除。萬字符是兵馬鬼的軍令。

　　「五方龍神」與「五方土」「五方鎮信」性質相似。蓋房必搬石動土，奠亡會挖坑壘墳，都將驚動四方土龍神，所以要以謝土等儀式來加以安撫和酬謝。四方大帝、五方土或四方土龍神的祭壇按五個方位名號擺放。祭祀儀式大多在晚上進行。

五方土。雲南巍山

五方土。雲南騰沖

五方土。雲南大理

### 中宮土府

　　由符號化四靈和斧、鋸等工具護衛的中宮土府，或為木匠專用。

中宮土府。雲南昆明

## 三、空間邊界

　　空間邊界包括自然形成的地理界限，如山脈、流域、分水嶺、隘口等；也包括人為的關口、地界、轄區、門戶等重要的空間節點。與此相關的民俗雕版木刻有門神、寨神、城隍、本境地主、各種土主（即地方的保護神）等。

## 1. 口隘

在藏區，凡山口、河道、村邊，都有雕版木刻印製的風馬旗隨風飄揚。

山口、河道是山河自然形成的關隘，在藏傳佛教看來，山口、河道還象徵著某種神聖的邊界。在神山，人神在這分道；經河道，人鬼從此殊途。所以，在顯示邊界的關隘、河邊、湖畔，被風吹動的經咒和圖符，就意味著對某種邊界的認定或紓解。民俗儀式對特定空間中的關口和通道，會有相應的界定和行止措施。

## 2. 廟門

寺廟是諸神在人間的棲身之地，在信眾心目中十分神聖。廟門是人從俗界進入神聖空間的一道關口，也是迎送神靈的通道。

廟門如同一個閾限，關於「出入」的問題產生很多規矩和禁忌，並往往成為某種象徵。如某些在寺廟舉行的法事，請神時開寺廟正門；招魂時則關閉正門，人和亡靈只能從側門通行。亡靈還要通過紙花架設的「金銀橋」，才能迎入祭壇。為防止邪靈竄入糾纏，主殿門後要貼「解結」碼子，供桌下有封住入侵邪靈「艮蔓」的設置。

人的出入也有很多規矩和禁忌，比如不能腳踏門坎，女性經期或某些「有問題」的人不能進門等等。性別邊界在某類寺廟中比較突出，從中可以觀察到特定認知狀態下人們所表達的空間崇拜及其禁忌。

### 廟神

人們認為，進入者如言行不慎，得罪了廟神，就會被它折磨。遇到這種情況，就要請「先生」弄清楚原因，祭祀廟神。有錢人祭獻豬頭和雄雞，錢少者用個雞蛋也行。三朝三獻，祭獻時說給廟神：某某某不小心衝撞了您，來向您賠罪了。您要的東西我們擺著了，不要再找某某某的麻煩，讓他清清吉吉。遇有家人走失，錢物丟了，也要備豬頭祭獻，請廟神幫查找。如果找到，則要再來還願酬謝。

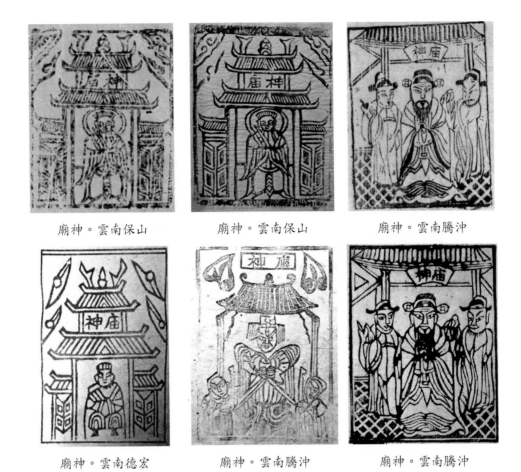

廟神。雲南保山　　　　廟神。雲南保山　　　　廟神。雲南騰沖

廟神。雲南德宏　　　　廟神。雲南騰沖　　　　廟神。雲南騰沖

## 3. 寨門

　　門是人的通道，也是神靈鬼魅出入之地。

　　華南、西南地區的很多村寨，都要立寨門。這類寨門有的做成牌坊，有的只豎兩根竹木，沒有任何軍事防禦的功能。它們的作用，只是村寨內外的一個分界標誌。村寨內是人居環境，村寨外則有各種靈異遊竄。為了防止邪靈進村，就會在村口設一個門，布置一些具有驅邪功能的象徵物，如木雕人偶、石狗之類。紙馬也是一種方便使用的靈符，如帶著毫（哮）天犬的石將軍，就是守護寨門的神靈。在東南地區的一些古村落，村口有石狗護衛，村門則張貼或懸掛村社保護神的名牌；而西南邊疆一些城鎮，民俗雕版木刻還用到了工廠、商鋪和酒店的大門。

石將軍

石將軍。雲南保山　　　　石將軍。雲南玉溪〔註13〕

康王誕期間，在古村的每個門樓，主祀都要把雞冠血塗抹在牆上掛的值年神牌和康王紙符上。廣東東莞，2011，鄧圓也攝

〔註13〕本圖採自趙寅松、楊郁生主編：《中國木版年畫集成·雲南甲馬卷》（集成總主編馮驥才），中華書局 2007 年版，第 308 頁。

摩梭人院門紙符。雲南寧蒗，2001，鄧啟耀攝

小商店門口的紙符。雲南畹町，2001，鄧啟耀攝

酒店兩邊玻璃門上都有兩張折疊起來的紙符，不易引人注意卻有招財擋煞的作用。雲南畹町，2001，鄧啟耀攝

## 4. 家門

　　門是家宅的內外通達與閉合之處。福可進，禍也可入，所以在門上要花很多心思。在大年初一這個時間節點開門有極大的象徵性，兆示一年運氣。要說一些招財進寶之類的話，也要防止邪穢乘機而入。為了做到財福「只進不出」，

邪穢「嚴禁進入」，貼象徵喜慶的紅色春聯、福字，意在引進；貼，昆明郊區農村要用甲馬做「封門紙」封門，大理在門楣貼平安符和鎮宅符籙，廣東清遠農村則用咒符、北帝等「輔正除邪」，希望「驅邪出外境，引福歸堂前」。為了不讓財福往外流失，大年初一這天連垃圾也忌諱倒出門外。

白族民居門楣上的紙馬、符籙和照妖鏡，祈福鎮宅驅邪同在。雲南大理，2000，鄧啟耀攝

白族老宅門側的紙馬。雲南大理，2011，鄧啟耀攝

摩梭人家門口的風馬圖符和羊角等辟邪物。雲南寧蒗，2001，鄧啟耀攝

摩梭人家門頭、柱子上的門神和風馬圖符。雲南寧蒗，2001，鄧啟耀攝

橫瀝鎮門上三山國王和天后紙符。廣東東莞，2011，鄧啟耀攝

　　如果在家宅中舉行法事，凡有門，基本都有圖符張貼或懸掛。一進門，門側牆上貼有兩個「黃方」：一個幡形，上有符，書「黃鉞誅妖，金鐘擊祟」；一

個人頭蛇身形，稱「豹尾」，專用於獻大土。左邊神龕，供「敕封鳳巍兩縣城隍有感尊神位」，牆上張貼兩行文書和「陰陽牒」，呈進上天諸神。無論什麼儀式，都會祭祀和驅趕一些邪靈，當把邪靈紙符端出去焚化時，留守者要緊閉大門，參祭者回家要在家門口以艾草熏過才能進家。儀式結束，要在院門外用三道白灰封路，避免外人或野鬼進入。

做法事時家中長輩臥室門口的鎮宅紅符。雲南巍山，2001，鄧啟耀攝

兒子兒媳婦的房間門頭上掛的「笑頭和尚」面具和鎮宅黃符。雲南巍山，2001，鄧啟耀攝

### 封門甲馬

圖像為騎馬者，手執寫有「四季平安、一年清吉」的旌旗

這家豪宅，正面除了門神春聯，還有陰陽八卦、照妖鏡、仙符封條，側面貼「甲馬」，「裝備」森嚴。雲南昆明郊區農村，2016，鄧啟耀攝

貼於門側的「甲馬」，又稱「封門紙」。雲南昆明郊區農村，2016，鄧啟耀攝

貼於門側的「甲馬」，與門頭的紙符一起封門擋煞。雲南昆明官渡，2019，陳力攝

封門甲馬。雲南昆明　　　　　　　　封門甲馬。雲南昆明

## 5. 門神紙

　　門神是中國年門畫中最具中國元素的代表性視覺作品。凡過年，買門神畫和春聯張貼在大門上，是民間沿襲已久的風俗。

　　門神

　　門神一般以兩員武將為主要造型。雲南大理述民俗雕版木刻有一種「門神」或「左右門將軍」，年三十晚上貼在大門後面，暗中保護全家平安。這是一種初級形態的門神。通常的門神以傳說中為唐皇驅邪的猛將秦叔寶和尉遲恭，或用神荼、鬱壘等武將；也有用關羽、張飛的，因關羽又為武財神，故驅邪招財一舉兩得。門神的製作，用於儀式的，刻印相對簡樸；用於張貼，特別是張貼在門外的，則做工細緻，顏色鮮麗。

門神。雲南巍山　　　　門神。雲南德宏　　　　門神護衛。雲南大理

門神。清，雲南騰沖

門神。清，雲南騰沖

左右門將軍

左右門將軍。雲南大理　　　左右門將軍。雲南大理　　　左右門將軍。雲南大理

# 四、空間通道

　　空間通道在民俗信仰中，不僅指現實的通道，如橋樑和道路的狀態；也指超現實的通道，如人間和靈界的溝通。

　　自然空間的橋樑和道路，對於人們拓展生存空間和認知空間意義重大，但橋路上的風險也最大。所以，橋神和路神，便承擔了艱巨的使命。

　　超自然空間的情況更加複雜，世間之人如欲和肉身不可達的下界冥司或上界神靈溝通，必須通過靈媒。人們認為，除了祭司、巫師、道士等類神職人員具有一定溝通能力，真要把人間信息和物品傳遞到靈性空間，還需要有特殊的信使，紙馬中快遞文牒的功曹符使和欵馬、運送祭品的槓神和艄公等，就是往來於超自然通道上的靈媒。

## 1. 空間通道的守護神

路和橋既是連通水陸自然空間的人造之物，也是隔斷災禍邪穢靈界空間的心造之物。

在民間，孩子體弱多病，家人會去橋頭路口貼一張紙符拜「契爺」，也就是請橋神路神做孩子的「乾爹」；白族結婚，新娘離家前往新郎家時，要帶一些針和頂針，過橋時扔到水裏，象徵把對公婆可能「針尖對麥芒」的「頂撞」丟棄；老人去世，抬棺送葬至橋頭路口，要停下來祭祀，讓亡魂順利過橋（暗喻過陰間奈何橋），在回歸祖地的途中不要迷路；遊神祭祖，要用紙紮搭橋迎請，並在重要的路口、寺廟或祠堂前停下來獻祭；驅邪送鬼，也必須送過橋或岔路口，或將代表邪靈的紙馬在村外橋頭路口焚燒；在藏區，除了在山口橋頭懸掛風馬旗，如有遭遇重大車禍的道路，也會在發生車禍的彎道、峽谷、懸崖等處懸掛風馬旗；廣東佛山過年，有「行通濟橋」的習俗，始建於明代的通濟橋，橋頭石級 9 級，橋尾 13 級，意為「九出十三歸」，即花出 9 元，收入 13 元。橋的兩頭，一邊是土地廟，一邊是觀音廟，帶著土地紙和觀音紙，兩頭拜祭，可保一年順順暢暢，故民間有「行通濟，無閉翳」之說。

路橋神

路神

一般主管路途中的各種災害福祥。開山路神主要用於謝土；娃娃不順、婚姻不和，在橋路上遇到不好的東西，需要祭獻。路神與出行有關，也與丟魂失魄需要給魂魄引路的法事有關。路神和橋神配，也是護佑兒童、保車馬平安的神，叫魂、召靈時用。

路神。雲南巍山　　　　路神。雲南巍山　　　路神（機印版畫）。雲南巍山

## 開山路神

開山路神。雲南騰沖

開山路神。雲南騰沖

開山路神。雲南大理

道路將軍神。雲南大理

## 橋神

　　橋是把被江河隔斷的空間連接起來的人為事物。小孩出世後請先生看時辰，起四柱（即通過孩子出生的年月日時測八字算命），如果算出犯了斷橋關，就要燒表、搭橋、供齋飯；小孩命相弱難長大成人，民間有清晨在橋邊等待第一個過橋人拜乾爹（契爺）「壓命」的習俗，橋是媒介和證人；人出遠門或與外界溝通，橋是必經之地；召喚生魄，導引亡魂，迎神送祖，驅邪攆鬼，橋是一切神鬼和魂靈要過的關口；七月半鬼節，橋頭橋尾去燒；做生意不順也要燒。所以，幾乎所有法事，都要祭獻橋神；做生意不順，婚姻不順，也要在此祭獻，請橋神「搭橋」，把運途搭順。

橋神。雲南巍山　　　　橋神。雲南巍山　　　　橋神。雲南巍山

## 橋樑水神

橋樑水神。雲南騰沖　　橋樑水神。雲南騰沖　　橋樑水神。雲南大理

## 橋路二神

橋路二神。雲南畹町　　橋路二神。雲南保山　　橋路二神。雲南保山

橋路二神。雲南保山　　　橋路二神。雲南芒市　　　橋路神。雲南大理

## 道路橋樑

道路神橋。雲南大理　　　　　道路橋樑。雲南大理

橋神路神之位。雲南大理　　道路架橋。雲南昆明　　橋神路神。雲南大理

## 人馬平安

　　過去，出門騎馬趕馬，一要帶糧，二要帶紙。紙是「人馬平安」的紅紙，出大門前在家裏燒化，保佑出行和在家的人都平平安安。

## 馬三爺（翁）

趕馬人出門，要祭馬三爺（翁）。出門之前，要在太陽沒有出來的時候祭它。因為太陽出來以後陽氣重，鬼神不在，祭它它也收不到。在路上，要會看馬。俗話說，馬知前悔，人知後悔。趕馬人認為，馬最有靈，如果它知道前面有難，就不會往前走。這個時候，趕馬人不能硬趕，要停下來休息一天，用茶、鹽、米，三樣班在一起，一邊走，一邊撒。燒化馬三爺，重新換日子。也有說是牲畜下崽時燒。

馬三爺。雲南洱源　　　　　　　馬三爺。雲南洱源

## 八洞神仙

八仙到處走，過海翻山，各有神通。人要走南闖北，去很遠的地方，必須用。以前都靠腳走、騎馬，路上不可預知的事太多，就要燒八洞神仙的紙馬。現在坐車乘飛機，也會悄悄地搞。

八洞神仙。雲南大理

## 2. 靈性空間的信使

中國人的傳統信仰認為，在可見的現實空間之外，還有一個凡人不可見的靈性空間。但人又有很多事要和它們溝通，向它們祈福，請它們消災。通常的辦法是祭祀，像應對人間官吏一樣貢獻錢財祭品。因人神或人鬼相隔，一般人不是想送就能送到的，還得托關係，找中介，進行跨界的溝通。

中介有兩種，一種是人間的巫師、祭司或法師之類神職人員，他們通過占卜、看卦、測算等方式，診斷問題出在什麼地方，然後有針對性地舉行儀式，敬貢祭品，吟誦經懺，呈報文疏，向神鬼祈諒求解；或通過儀式行為，對靈魂進行救贖、超度或轉世，讓他們得以過渡到另外一種時空狀態。

但人類巫師、祭司或法師自己畢竟也是凡身肉體，生命的存在時間有限，所能進入的空間層次有限，特別是陰陽、神鬼之界，更難逾越。他們只能揣測靈意，不能穿越靈界。所以，還需要另外一種靈媒，能夠將疏文、祭品等送到靈界。

民俗雕版木刻作品，就是「溝通」各界關係的一種靈媒。人們通過火焚、風揚等方式，跨界傳輸；除此之外，民俗雕版木刻還有專職的信使，在人間和靈界上下溝通，傳遞信息。

要在三界之間傳遞信息，為亡靈轉帳或快遞物品，過去最快的交通工具是馬，故民俗雕版木刻作品多取意曰「馬」或「貴人」之類，稱之為「紙馬」、「甲馬紙」、「風馬」、「貴人紙」、「紙符」或「馬子」等等，主要印製地方各種神靈、精怪、靈界使者、經咒文符和冥衣紙錢之類。各地紙火店多有銷售，一般在民俗祭祀或佛道教法場中使用。舉行法事活動時，由主持儀式的道士或民間巫師神婆根據所祀神靈或需要驅趕的鬼邪名號，選取相應的「馬子」，在儀式中使用。或懸於山口橋頭，風吹幡動則傳訊；或以火焚化，灰飛煙滅則通靈。

往另外世界寄送東西，和世間不太一樣的是，要在每封「包封」或「經方」裏，裝白錢三張；大件「包裹」叫「起盤子」，拿一個簸箕，除了裝經過祭祀的諸靈符像，還要裝黃錢 36 份、白錢 17 份。

本來，以火焚化、以風傳播，應該是一種最直接的傳達方式，但習慣了辦事一定要「託人」「找關係」的傳統社會，按照人間的套路，還是要安排專職的使者，請它們負責送達信函和禮物。

　　同樣是按照人間的套路，使者也分為幾等。比較權威的，是「功曹符使」，他頭戴官帽、身穿長袍和厚底朝靴，手持文牒和令旗，騎馬飛馳；其次是「槓神」和「艄公」，「槓神」也就是挑夫，他一身短打扮，戴斗笠，紮綁腿，著便鞋或草鞋，手持文牒和負重行走常用的槓子或手杖，步行走陸路；「艄公」挽著褲腳，光腿，穿草鞋，持杖或槳，駕船走水路。還有一種叫「欻馬」的，意為跑得很快的馬，它奔跑在雲間，鞍上有火，顯而易見，送的也是急件。

　　不過，這些都是傳統的傳輸方式了。改革開放前沿的廣東，已經將人背馬馱的落後傳輸方式，改成了海陸空「聯運」。傳輸方式與時俱進了，但觀念意識還是老樣。

### 功曹

　　有「功曹」「功曹符使」「三界功曹」「符值」「值官」等多種稱呼。沿用漢代諸郡佐吏「功曹」之名，其職能主監察呈報。有值年、值月、值日、值時的「四值功曹」，每時每刻監督人們行為。在邊地，天高皇帝遠，探子的功能弱化為郵遞員功能，民間在舉行儀式的時候，要請值符使者或功曹符使騎馬執牒，專職送表給天宮地府，為陰陽兩界傳遞牒文。為了與凡間的信使相區別，功曹符使多用彩色紙印製，在背上插一令旗，代表他的官方身份，他所騎馬的馬蹄下都要出現一兩朵雲，表示信使是通達於天界的。還有一種已經下馬的值官，馬在身後或沒有出現，但手裏拿著馬鞭，可能表示文牒已經送達天庭，因為在他周圍，多有祥雲圍繞。

功曹。雲南騰沖　　　功曹局部。雲南騰沖　　　功曹。雲南大理

### 功曹符使

功曹符使。雲南巍山

功曹符使。雲南巍山

功曹符使。雲南巍山

### 三界功曹

三界功曹。雲南大理

### 值符

值符。清，雲南騰沖

真（值）官。雲南騰沖

直（值）符。雲南騰沖

值符。雲南芒市　　　　　　　　値符使者。清末，北京〔註14〕

「先生」身後牆上掛滿準備呈報給諸神的陰陽牒，套封下黏貼的彩色紙符，即為功曹符使。雲南巍山，2001，鄧啟耀攝

## 槓神

槓神，又叫「槓夫」「槓夫力士」或「挑夫」，是為亡靈搬運祭品的使者，負責把燒給陰間先人的紙房、紙寶箱、金倉銀庫等物運送到陰間親人那裏。由於槓神、挑夫和艄公關係到陰陽兩界的財物轉運，對他們的招待更為周到。要

〔註14〕引自蕭沉博客：《俗神》（圖為日本人20世紀初收藏）http://xiaochen.blshe.com/post/78/503808，2010,2,11。

在百客壇旁邊專設兩桌酒席，六菜一飯，一茶，一酒。菜皆雞、魚、豬、肝等葷菜，17 副碗筷，每副碗筷下壓一張檳神紙馬，一雙紙剪的鞋，一個黃紙做的挎包，內裝紙錢、糕點等。還要用繩子繞一些棍子，作為他們挑東西的槓子。他們的任務是將 4 個金倉、4 個銀斗、4 箱食物和衣被挑到豐都陰司送給已故的先人。另有 4 封文書和 4 箱禮物需要呈進：《地府掌甲午宮本命星君呈進》和《地府掌丁酉宮本命星君呈進》各二，配由「萬神雷司」封印的 4 箱金銀財寶之類禮物。所有發送的物品，均由「萬神雷司」封印，以求萬無一失。發送前要舉行祭庫儀式。捉來一隻齋食餵養三日的公雞，執事先生抓舉在左手，右手憑空畫符，並吟念咒語，含酒噴雞，然後猛將雞冠掐破，用毛筆蘸雞血，點畫紙房、寶箱、飯菜等祭品，此即稱為點庫，只有經過這一過程，這些什物才能開光，貫通陰陽，順利抵達陰間。點過之後，即抬出燒掉。陰陽牒燒了陰牒，留著陽牒，以為郵寄憑據。

檳神。雲南巍山　　　　　檳神。雲南巍山

挑夫

挑夫。雲南巍山

艄公

　　艄公和櫬神、挑夫一樣，是為亡靈搬運祭品的使者。只是櫬神和挑夫是肩挑步行走陸路，艄公搞水運，帶人（魂）帶貨擺渡過冥河。

艄公。雲南巍山

艄公。雲南巍山

為槓神（桌面垂下者即槓神馬子）準備的宴席和紙鞋，後面是他們將幫運的紙紮豪宅等祭品。雲南巍山，2001，鄧啟耀攝

### 欻馬

「欻」，音 chua，在雲南話裏是動作很快的象聲詞：「莫死咪洋眼（慢吞吞）呢嘍，挨（給）我欻欻欻呢來！」身上有鱗（龍馬），尾似麒麟，鞍上有火，奔跑在雲頭的「欻馬」，應該是茶馬古道周邊趕馬哥對快運力的想像。另有一種「追趕馬」，用棍夾起，插在地上，點香，讓它奔五方，迎請神靈。

欻馬解（？）。清，雲南騰沖

欻馬。雲南騰沖

## 海陸空聯運

當然,傳統的想像,常常不能與現實相比。廣東的海陸空「聯運」票,已經用上了各種現代化交通工具。只是,人們的心理模式和祈禱方法還是沒變,這使得這張超現實主義的聯運票,顯得有些魔幻。

海陸空聯運客票。廣東廣州

民俗雕版木刻呈現的空間層次、空間方位、空間邊界以及管轄區域和重要關口等空間通道,既是對自然空間狀態的描述,也是對超自然空間的想像。它們是人的界定,和人的生活產生種種影響,也和人的心理發生神秘感應。

把空間分層次,是許多文化群體共同的認知。信仰不同,所描述的空間也不同。正像人間的社會分層一樣,靈界也分層,並有著嚴格的等級、位序和分工。世俗社會有什麼樣的社會結構,靈界也有什麼樣的神靈系統。這一切,都或多或少地反映在民俗雕版木刻紙符的製作和使用上。

人們過去可望不可及的「上天」,一般被認為是最高層次的空間,由「萬靈真宰」掌控;中間是地面和水域,萬物生活的地方,由廣涉眾生一切事務的自然和人文諸神分工管轄,其中,城隍是在人間和冥界的中轉者;下界是亡靈駐留或中轉之地,它們的去留(投胎轉世或再下煉獄)由冥王、鬼帝、閻羅王、地藏王等決定。

　　在人類認識發生的早期階段，對空間的理解往往是以自我為中心基點的。以「我」為基點四處張望，形成「一點四方」的世界觀。《山海經》描述了一種以差序格局由內向外，從中心到邊緣的神話世界；五行學說更把空間方位界定為東西南北中，並和相應的時態、顏色、聲音、味道、性質等形成交感關係，並對應著靈性化的物象。

　　空間本無界。空間的邊界是人定的，自然狀態的山脈、流域、分水嶺、隘口等，人為界定的關口、地界、轄區、門戶等，都是重要的空間節點。它們是空間區隔的邊界、內外分離或連接的重要標誌，也是空間佔有權力的體現。為了保障這種空間佔有權力，權力控制者制定了種種法規，並以此劃界。所以，在舊中國，山林土地的佔有及其地界的劃分，是頭等大事；而戶籍制度，也是對庶民流動的限制。

　　但在社會生活中，流動不可避免。流動會突破既定的空間界限或其他邊界。突破邊界有危險，肉身可感的危險多半在路上，這不僅出於安土重遷的俗尚，還在於對外部陌生空間的不安全感。從《楚辭》的「招魂」，《山海經》對荒蠻邊地的描述，到各民族神話傳說和習俗中對異鄉陌土的畏懼，都反映了人們從熟悉環境到陌生世界的疏離心理。所以，人們希望路神橋神保人平安。但人類又永遠有突破邊界的欲望，特別是突破那類不可逾越的界限，如權力和利益的邊界，人間和靈界的阻隔等。於是，通過偷竊或造反，人們突破法定的界限；通過修行、轉世、因果、墮落等，人或靈魂在不同空間穿越。即使肉身不可達，也要借助靈媒，和異界溝通。民俗雕版木刻中呈遞文牒的功曹符使和猷馬，運送祭品的檳神和艄公等，便是這種觀念的產物。

# 第十九章 民俗雕版木刻及儀式空間的時態、嵌套和文化融合

自從人類從所居之地嚮往四處流動，並開始在謀生之餘仰望星空，思考天地形成、萬物起源和歸宿的時候，他們心目中的大千世界，就不再只體現為舉目所見的單一自然空間。人類認知的空間，是一種奇妙的存在。無論是哲學還是宗教，都共同認為宇宙是無限的時空。所不同的是，在宗教裏，用道、梵、混沌等描述的宇宙，不僅僅是肉眼所及的天地日月，還具有著一種神秘的空間關係，形成多維度的多重空間嵌套關係。

關於空間認知的研究，宏觀大論頗多。為了不致落入泛論，本文擬通過田野考察現場的一個實例，觀察彝族「畢摩」的儀式過程及包括紙馬在內的祭品的使用情況，從而瞭解民間信仰中對儀式空間的把控和對多重空間的認知狀況。

## 一、雲南巍山彝族「畢摩」的儀式空間

2012 年 2 月，我隨巍山彝族回族自治縣政協的彝族朋友阿赫，到巍山西山紫金鄉做田野考察，意外參加了一次彝族祭司「畢摩」的祭城隍儀式。

### 1. 畢摩

阿赫大名赫振偉，在巍山地頭很熟。他說，要瞭解彝族文化，就要拜訪彝族的文化人「阿閉」，也就是「畢摩」。「畢摩」是彝語音譯，「畢」意為「念經」，

「摩」意為「有知識的長者」，即彝族傳統知識分子，他們掌握著本民族傳承的地方性知識。紫金鄉新建村委會尼利午村（彝語「泥楞八」，意為畢摩居住之地）的彝族畢摩羅開亮先生，是當地有名的畢摩。阿赫認識羅開亮先生，打電話說明來意，即前往拜訪。

羅開亮先生住在尼利午村一個山坡上，青磚和乾打壘混搭的瓦房。問起來，他說這是小兒子的家，自己和老伴習慣住在小兒子處。「皇帝愛長子，農民愛老么。」小兒子娶了一個大他一歲的媳婦，「女大一，黃金蓋過一」，有福氣。小孫女7歲，很是討人喜歡。不過，按照畢摩嫡傳的規矩，他的畢摩知識還是傳給長子。〔註1〕

羅先生的老伴上了茶，坐在一邊笑眯眯地聽羅先生說話。她本姓茶（此姓據說是南詔王後裔），名仙桃，舉止端莊，年輕時應該是當地的美女，嫁過來後改隨夫姓。羅開亮先生說自己屬龍，「龍是人神」，所以能夠做「阿閉」。我笑稱自己也屬龍，在學校裏當「阿閉」，和他同道，只是做不了人神。羅先生很開心，打開了話匣子：「我是家裏的長子，14歲就跟爸爸學畢摩。爺爺、父親、我、大兒子、大孫子，都是長子相傳的畢摩，像你們讀書一樣，要學很多東西。祖上傳下來的天文、地理、醫藥、農事節令，要懂；人世的生老病死要明白，不在世的祖先要記住，天上地下的神神鬼鬼要曉得。以前把這些叫做迷信，現在明白過來，它們是我們民族的文化遺產。」〔註2〕他告訴我們，為了保護彝族傳統文化，雲南楚雄彝族自治州撥專款，由彝學會牽頭，楚雄彝文化研究院立項，組織專人收集翻譯畢摩經，已經整理出版了13本，其中兩本，就是根據羅開亮先生念誦的畢摩經記錄整理的。畢摩還會傳承很多傳統文化，羅開亮先生說，打歌、跳蘆笙是彝族拿手的節目，自己不僅收大孫子為徒，還把蘆笙教給了他。昨晚大夥在三聖村瓦魯巴村跳蘆笙，熱鬧得很。

趁閒聊的工夫，我大致弄清了羅先生的「阿閉」傳承譜系：

---

〔註1〕最近聯繫羅開亮先生，知道他的小兒子也跟著他學畢摩了。
〔註2〕訪談對象：彝族畢摩羅開亮，訪談地點：雲南巍山彝族回族自治縣紫金鄉新建村委會尼利午村，訪談時間：2012年2月19日，訪談人：鄧啟耀、赫振偉（彝族）。下文引述羅開亮談話出處均同。

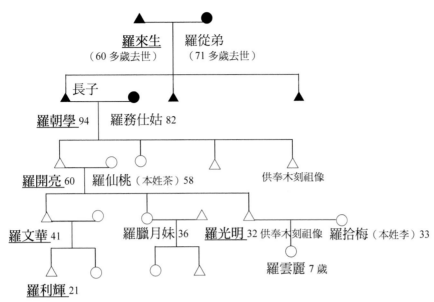

注：羅開亮親屬關係及「阿閉」（畢摩）傳承略圖（名字下劃線為傳承人）

　　羅開亮帶我們到樓上看他家的祖壇，祭壇裏供奉著幾個木偶，這是祖宗的刻木，其中一個刻木已經薰得漆黑，應該是有些年頭了。他告訴我們，這是他偷偷藏起來的，他弟弟的刻木在「破四舊」的時候燒了，現在都沒有。我們問：「為什麼不重做？」他說：「那是社會一個階段，是一個界。過了這個界，就不刻了。」他介紹：「我們彝族祖宗牌位都掛丁郎刻木的像。為什麼要掛呢？那是教人要孝。丁郎小時候頑皮，長大後與母親同住，不孝，經常打罵母親。有一天他在地裏幹活，見母鳥把翻地翻出的蟲子叼去喂剛孵出的小鳥。他看得入神，回想母親從小含辛茹苦把自己拉扯大，反思自己行為，太不孝了。正在這個時候，母親送飯來，他激動地去迎，手裏還拿著農具。他母親誤以為兒子又要來打自己，轉身就跑，不小心撞死在白花木（白杜鵑花）樹上。丁郎抱母痛哭，厚葬了母親，拿白花木刻像，銀子做心臟，穿衣供奉。」他還拿出手抄的「二十四孝」贊詞：「丁蘭（郎）刻木全大孝，朝夕奉祀如在生。大刻父母能言語，孝心感動天上神。」

　　我注意到，供奉木刻祖像的祖壇旁邊，貼著君的雕版木刻彩色紙符，為什麼灶君要供奉在祖壇旁邊，而不在廚房？羅開亮的小兒子羅光明通過微信告訴我：「供灶君位置大同小異，按理應供在廚房裏，但灶君有時是吃素的，廚房裏葷味較重，灶君牌前亂放雜物，就不好。本身灶君與灶神也有兩個概念，灶君是指人家戶必供君牌之一，它掌管地上農養家畜，也會把人們的言行好壞告知天庭；而

灶神具有陰陽呼喚的能力，是人間司命主。他們都需要清潔肅靜，所以供在祖宗壇左邊為佳。為啥供在左邊？因為神君與鬼魂之分，左大右小。」〔註3〕

畢摩羅開亮幼子家樓上祭壇供奉的丁郎刻木祖像。雲南巍山紫金鄉，2012，鄧啟耀攝

彝族畢摩羅開亮祖壇旁邊供奉的灶神紙馬（雕版木刻）。雲南巍山紫金鄉，2012，鄧啟耀攝

掌管人間福祿壽和農養家畜，號稱「人間司命主，天上奏功臣」的灶公灶母。雲南巍山

在畢摩家吃過中飯，羅開亮先生告訴我們，今天農曆正月二十八日，是祭城隍的日子，下午要去幫人做一個法事，問我們願不願意去看看。能夠參與畢摩主持的民俗儀式，機會難得，我們當然要去。

羅先生帶我們進入樓下一個小房間，裏面有火塘、供桌。被煙薰黑的土牆上，掛著同樣被薰得很黑的竹笆，上面插著一根木雕的梯級方形法杖，一些用棍夾住的盤旋狀物，幾枝分辨不出顏色的小旗，五對紅紙和黃紙剪的符；竹笆前面一個竹筒，插著幾支已經燃盡的香。旁邊掛一頂積滿煙塵的斗笠，這應該是畢摩之前用過的法帽，因其經歷過太多法事，也變得神聖了，所以未被遺棄。側面牆上還掛著幾串留種的玉米。畢摩在法壇前收拾法器：有紅帶子和五色紙裝飾的畢摩斗笠、銅鈴和刀。他說「我們做畢摩的，只要有人請，帽子戴起，銅鈴帶起，刀子背起，去做法事。」

畢摩的法壇。雲南巍山紫金鄉，2012，鄧啟耀攝

我們一邊看他收拾，一邊向他請教祭城隍的事。他告訴我們：「城隍是地方保境安民之神，主司冥藉。所以，城隍管轄地的亡魂，都要在他那裏『打交代』（註冊）。如果遇到重病、丟魂失魄或疑難糾紛事件，民間也會請出城隍判案，請人保舉。比如今天，是為羅金秀家小兒子羅寶德做法事，他腎積水，住院醫了四個月，開刀，還不見好。他母親就請我來祭城隍。活人保舉病人，活人的名字要送進去。如果有十個人保舉病人，病可以好。我們今天是為病人『保舉』，如果去的超過十個人，就好了（我想，我們無意間也成了保舉人，主人高興，我們當然樂意）。在我們這裡，正月初八、十八、二十八為男人獻城隍，初三、十三、二十三為女人祭城隍。今天是農曆正月二十八，是祭城隍保舉男人的時間。到處都有人祭城隍。大兒子是畢摩，今天也被人請去馬鞍山獻城隍

了。到二月八，要大祭，幾個畢摩一起祭，念的經不同，調也不同。我是主祭，占話筒，念『祭祖經』。」

我對民間雕版木刻「紙馬」（當地稱「馬子」）的使用情況比較感興趣，就問：「今天獻城隍要用馬子嗎？」

羅先生：「城隍馬子要用的。這個人（病人）是觸犯了三十六條，還要做十二張彩紙做的大旗（二張）小旗（十張）和五公旗（五色紙做的五面紙旗）。」

## 2. 儀式過程

我們隨羅開亮先生來到附近一個村子，做法事的人家也姓羅。進入一個大院，正屋外走廊上，放了一張方桌，上面放著兩個盛滿五穀、插有五色紙旗和香燭的升斗，旁邊供奉糖果瓜子等。兩位老人正在桌子空處，埋頭填寫雕版紙印疏文中呈報者信息，準備紙符套封之類，他們都是病人的叔叔。病人的父親已經去世，只有66歲的女主人羅金秀忙裏忙外。羅開亮先生和我們被引入屋內，光線昏暗，火塘邊靠窗的小方桌上，也放有兩個盛滿五穀、插有五色紙旗和香燭的升斗，桌上還放著一些五色紙。羅開亮先生說，五色紙做旗子，代表福祿壽財喜。為什麼要屋內屋外各一桌？因為活人和亡人各一桌。

屋外的祭壇。雲南巍山紫金鄉，2012，筆者攝

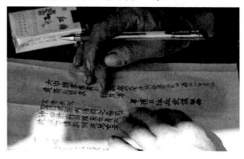
填寫疏文。雲南巍山紫金鄉，2012，鄧啟耀攝

屋內的祭壇。雲南巍山紫金鄉，2012，鄧啟耀攝

為祭祀用的公雞洗腳。雲南巍山紫金鄉，
2012，鄧啟耀攝

畢摩在祭壇前焚香祝誦，眾人核對疏文，
準備祭品。雲南巍山紫金鄉，2012，鄧啟
耀攝

眾人把祭品裝袋，準備出發。雲南巍山紫
金鄉，2012，鄧啟耀攝

畢摩帶眾人在山上尋找祖先樹。雲南巍
山紫金鄉，2012，鄧啟耀攝

　　我們喝了一會茶，外面的事一切準備妥當。羅開亮先生一邊口中念念有
詞，一邊收起桌上的五色紙和其他祭品。女主人從雞籠裏抓出兩隻紅羽大公
雞，在院子裏拿盆給它洗腳。大家收好祭品，老老小小一行十餘人，背著背簍，
還提了一大塑料桶水，尋到村外山林中一棵大樹下，準備祭祀。

　　我有點奇怪，不是祭城隍嗎？城隍廟在哪裏？羅開亮先生說，以前有城隍
廟的，他小時候就見過，建的年代不清楚。現在沒有了，只好在栗樹下設壇。

　　我追問：「為什麼選栗樹？」

　　羅開亮先生答：「老輩人傳下來的彝經說，蒼山九十九雪峰歸南詔王羅巴·
細尼努（即古籍所述南詔初王細奴邏）管轄，我們這支是從蒼山雪峰上的栗樹
上下來的，是蒼山九十九峰九十九分支的一支，所以，栗樹也叫祖先樹，每家
在山上都有兩三棵認好的祖先樹。老人去世，服孝三年之後，就把代表死者的
木人封樹洞裏，送靈指路要指到那裏，意思是亡靈已經回到祖先那裏了。如果
後人有什麼事，就像今天這種情況，也要來獻一下，讓祖先和管地方的神幫忙
解解。

　　大家用刀清開大樹下的一小塊平地，畢摩開始布置法壇。他讓人砍來一些松枝和栗樹枝，插在地上，裝滿玉米的升斗插有五色紙旗、三枝香、三根紅燭、一片削尖的木片和四根黑色鷹羽，前面鋪松毛，放一杯酒、一杯茶、一些餅乾、糖果、乾柿餅、炸香片、魚、肉、草鞋等祭品。另外幾位老人，有的爬在地上用盆做桌子繼續準備紙符牒套，有的用彩線穿連36枚銅錢，然後把錢串掛在樹枝上。

　　一切準備妥當，畢摩開始祭祀儀式。羅先生說，先做「領生」儀式，「生的請神，請到那點就在那點獻。」他捉著一隻公雞在祭壇前祝念：

　　　　哎！大中國雲南省蒙化縣甸北西山紫金鄉保安信士弟子羅寶

　　　德，請到外城隍老爺，請到裏城隍老爺，請到紅筆司爺，請到黑筆

　　　司爺，請到三班衙役福祿判官，請到觀音老母，請到山神土地，請

　　　到地脈龍神，請到吃水龍王，請到把門將軍，請到大祖大宗……

　　畢摩迎請的諸神菩薩，在巍山及周邊的民俗雕版木刻裏大部分都有。一般情況下，迎請的諸神和需要禳祛的邪靈，多會配以相應的圖符：

城隍司。雲南巍山

觀音老祖。雲南巍山

山神土地。雲南巍山

山神土地。雲南巍山

地脈龍神（白龍蒼龍財龍）。雲南巍山

龍王。雲南巍山

門神。雲南巍山　　　把門將軍。雲南大理

再歷數各種祭品，拜上文牒一張，表一筒，百解一張，請眾神「領生」，然後殺雞，將雞血、爆米花等灑在祭壇周圍。

老人們在儀式現場準備紙馬疏文和牒套等並呈於祭壇前。雲南巍山紫金鄉，2012，鄧啟耀攝

老人們在儀式現場用彩線穿連 36 枚銅錢，然後把錢串掛在樹枝上。雲南巍山紫金鄉，2012，鄧啟耀攝

畢摩捉雞在大樹下的祭壇前祝念，殺雞「獻生」。雲南巍山紫金鄉，2012，鄧啟耀攝

接下來要做的儀式是「獻熟」，得等把雞煮熟了再獻。在畢摩準備祭壇的時候，其他人已經拾柴架鍋燒水。「領生」一畢，立刻把魚煎了，雞燙了。兩隻雞褪毛清洗，整個煮在鍋裏。一時無事，大家躺在落葉上，抽煙喝茶聊天，我也順便做訪談，把當事人家的親屬關係大致弄明白：

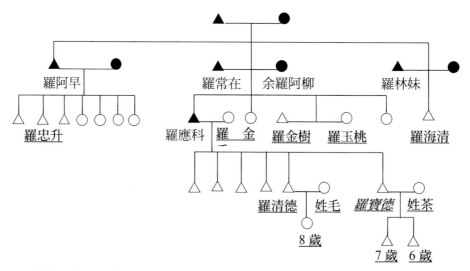

注：儀式當事人親屬關係（名字下劃線為參加法事者，名字斜體字者為法事對象）

雞煮熟後，開始「獻熟」。隆重地擺好祭品，畢摩手握兩片削尖的竹籤，率羅家參祭人員，跪拜再次恭請城隍。無論生獻還是熟獻，都是先獻裏城隍，後獻外城隍。病人的叔叔展開黃紙印的疏文，念誦敬呈城隍的信，然後封入貼有「功曹」信使紙馬的套封。接著，他展開白紙印的百解疏文「上帝敕命頒降百解章」，請求城隍赦免病人可能遇到的種種災厄：

　　　敕命十方三界星恒斗府三官五帝九府四司本命玄曹太歲煞局瘟
　　土隍社合屬神祇冤案咒詛古往今來應幹去處或與
　　　赦除前生今世或恐不敬
　　　三光觸犯聖像訶風罵雨誚暑怨寒利己損人殺生害命白日咒詛剪
　　髮斷香一切罪障俱與自新本司今據
　　　大中國雲南省蒙化縣甸北西山紫金鄉居住奉
　　　道禳解告災保吉善信羅寶德等即日投誠上干……

然後根據太上流傳下來的解冤釋結文牒，對當事人所犯戒條逐一解釋施行：

　　　一解除所犯天災地禍解散
　　　一解除所犯本命宮分流年星煞解散
　　　一解除所犯大小運限三方四正並沖解散
　　　一解除所犯年月日時周天星宿照臨克戰解散
　　　……

每當念到一種災厄「解散」時，病人的另一位叔叔，便把懸掛在樹枝上，用彩色線繫住的36個銅錢，一個個解開，扔到身邊的水碗裏。念完，銅錢也解完，表示糾纏病人的所有災厄病痛，都被消解掉了。

最後，畢摩在祭壇前，把裝有呈報城隍疏文和百解疏文的套封燒掉，同時燒掉兩雙「功曹」信使跑路穿的草鞋、一些紙符、幾疊紙錢和果點，讓祖靈及孤魂野鬼享用。

儀式完成，眾人分享祭品。

畢摩擺好祭品，跪向城隍「獻熟」，眾人跪聽病人的叔叔念誦呈交城隍的黃紙疏文。雲南巍山紫金鄉，2012，鄧啟耀攝

念完疏文，封入套封。雲南巍山紫金鄉，2012，鄧啟耀攝

病人的叔叔念誦白紙印的「百解」疏文，另外一位叔叔隨著念誦到需解的災厄，將掛在樹上的銅錢一個個解下來。雲南巍山紫金鄉，2012，鄧啟耀攝

畢摩將「百解」疏文封入套封。雲南巍山紫金鄉，2012，鄧啟耀攝

畢摩把裝有疏文的套封和各種紙符焚化。雲南巍山紫金鄉，2012，鄧啟耀攝

參加儀式的人分食祭品。雲南巍山紫金鄉，2012，鄧啟耀攝

蒼山大神

蒼山大神。雲南大理

# 二、儀式空間的時態

　　我注意到，這次儀式中畢摩開始誦經及在所有疏文臺頭，都是「大中國雲南省蒙化縣甸北西山紫金鄉保安信士弟子某某某」。為什麼不說現在的行政地區「巍山縣」，而要說以前的地名「蒙化縣」呢？

　　「蒙化」這個地名，至少可以追溯到唐代，也就是蒙舍詔創立大蒙國的時代。後來，明置蒙化府，清改蒙化廳，民國年間定為蒙化縣，1954 年因用漢語理解「蒙化」覺得有歧視少數民族之意，故改名「巍山」。但奇怪的是，這裡的彝族並沒有覺得「蒙化」有什麼不妥，在重要民俗儀禮中，還是堅持使用「蒙化」這個地名。

　　那麼，在彝族畢摩傳承人意識中，「蒙化」這個原屬過去的空間區位意味著什麼呢？

　　前述儀的主持畢摩羅開亮先生 1952 年生，14 歲跟爸爸學畢摩，即 1966年，時值「文化大革命」。畢摩這種屬於「四舊」的傳統文化，正屬被破之舊，要革之命。即使邊疆地區由於天高皇帝遠，浪潮衝擊一般比內地晚半拍，弱一點，但可以肯定，在那時期，關於畢摩知識的公開傳授和實踐大約是不行的。好在他父親高壽，活到 94 歲。十年動亂結束後，傳統文化合法化，老爺子有充足的時間帶著正當年的兒子學藝。一度被封存的傳承人記憶，解封之後呈現的是封存前的一切。羅開亮爺爺和父親的文化記憶，大約就凝固在「蒙化

「縣」這個歷史空間之中。忠實的傳承人羅開亮，全盤傳襲了爺爺和父親單傳的知識。所以，儀式疏文中「蒙化縣」的空間時態，大致指向百年之前或更早。

由此可見，在巍山彝族的意識中，「蒙化」並非漢語所指之義，而是一個具有歷史意義的空間區域，主要指當地彝族視為開基始祖的蒙氏開基創業之地。巍山彝族儀式空間定格的時態，一般是在蒙氏南詔國開拓南詔疆域的輝煌歲月。

但從彝族神話及畢摩經看，畢摩儀式空間所指向的時態，可能更為遙遠。

巍山彝族《密枯經》述：

> 天廓未全時，地形未齊時，
>
> 人種無處尋，人種無法找。
>
> 熙然的蜜蜂，幫助找人種。
>
> 蒼山三往返，蒼山大黃栗樹梢上，說有人種在那裏。
>
> 蒼山大黃栗樹，蒼山龍竹竺，人種是你給領下的。
>
> 青天白日下，大地厚土上，一代又一代。
>
> 密子第九族，青天白日下，大地厚土上，
>
> 參與大世界，出類拔萃的部族。
>
> 嗡哄〔註4〕——哀牢〔註5〕——請降臨！
>
> 請密子始祖降臨，嗡哄其降臨……〔註6〕

巍山彝族《密枯經》指向的時空，是「天廓未全時，地形未齊時，人種無處尋」的渾沌世界。《密枯經》說，蜜蜂把全身赤裸的人種從大黃栗樹梢引下來，直立行走，才使密子第九族在青天白日下、大地厚土上，一代又一代出類拔萃地參與到大世界中來。所以，直到現在，巍山彝族舉行「二月八」祭祖大典的時候，要先接密枯地脈（以泥土為象徵），把密枯地脈接到土主廟祭祀，再送到村後的栗樹下，殺豬祭獻，由畢摩選一個屬相好（狗、龍、馬、猴均可）的童男，全身赤裸爬到栗樹上，面向蒼山在樹梢上懸掛豬頭等祭品。畢摩在樹

---

〔註4〕嗡哄，彝族蘆笙神。

〔註5〕哀牢，漢代滇西古國名，流傳婦人觸神木（龍的化身）而孕，生九子的「九隆」神話。當地彝族認為自己即九隆後裔。

〔註6〕巍山彝族《密枯經》，轉引自楊甫旺、周紅主編：《彝族畢摩口述史》中《魂兮兮遠行，路兮兮歸祖——巍山彝族畢摩羅開亮口述記錄》，雲南民族出版社2018年版，第55頁。

下煮一大鍋豬血稀飯，參祭者共食。羅開亮先生在回答我「為什麼選栗樹」的問題時，解釋巍山彝族是從蒼山雪峰上的栗樹上下來的，來自蒼山九十九峰九十九分支的一支。所以，栗樹也叫祖先樹，人去世後亡靈必須回到蒼山，送靈指路要指到蒼山，並以栗樹或與祖相關的樹木（如丁郎刻木傳說中的白花木）雕刻祖像，敬奉在家或封進栗樹樹洞裏。

清人梁友檍記述了巍山倮羅（彝族）刻木奉祖及祭祀「密枯」的事項：「人死，椎牛而祭，有阿閉（畢摩）念夷經。念訖，令喪主往山中指一樹取之歸，刻作人形，供奉三代後則藏之深山大空心樹中。祭畢設尸，其族以大宗為貴，隔年一祭祖，依村旁大樹下，名曰認祖。」「以二月八日為年，是日必將道路攔寨，祀密枯，各村皆置密枯樹，祀時以黃牛一，繩繫於旁祝之。祝訖，一人執利斧劈牛首，後按人數分剖以歸。近來此事漸廢，多以松枝有三叉者代密枯樹，位置於屋之左右以祀之。」〔註7〕以樹木作為祖神，在先秦文獻即有記錄。《論語》載：「哀公問社於宰我。宰我對曰：『夏后氏以松，殷人以柏，周人以栗。』」〔註8〕

由此看來，畢摩羅開亮和他的父親、爺爺和曾爺爺（羅開亮說他是羅家第四代畢摩）們在祭儀中定格的「大中國雲南省蒙化縣」，巍山彝族沿襲至今的祀密枯大典，至少與清代漢文獻所述一脈相承；而彝族口述史傳誦的歷史記憶，則指向了更加遙遠的世紀。

對於更早始祖的追溯，除了漢代九隆哀牢族後裔臘邏人，巍山彝族畢摩的《祖師經》還記述：遠古時期，人類的祖先，也是彝族臘羅支系畢摩的鼻祖阿玉妣，用樹葉織成的圍裙遮住天體恐怖的赤崖，拯救了人類的生存和繁衍。所以，巍山彝族要在她的生日二月八日舉行祭祖大典。〔註9〕

從儀式疏文中地名的辨析，到畢摩經書中有關始祖的敘述和相關民俗儀式，我們可以看到對應著巍山彝族儀式空間的大致幾個時間節點：遠古天體恐怖的赤崖，對應的是始祖阿玉妣和彝族民間紀念她生日的祭祖大典；漢代滇西哀牢國，對應的是彝族支系臘邏人，南詔初王從那裏避難到巍山，創建了蒙舍詔；蒼山靈界，對應著巍山彝族發源地和在那裏接納族人亡靈的南詔國開基祖

---

〔註7〕〔清〕梁友檍撰：《蒙化志稿》，德宏民族出版社1996年版，第126、127頁。
〔註8〕新世紀萬有文庫本《論語・八佾》，遼寧教育出版社1997年版，第11頁。
〔註9〕羅開亮口述：《丁郎刻木孝經》，楊茂虞翻譯，楊世昌整理，字紹偉錄音，見巍山彝族回族自治縣彝學會編：《巍山彝學研究》2008年第5輯，大理州新聞出版局內部資料準印（2008）55號，第52頁。

蒙氏；蒙化縣，則對應著道教傳入後彝族畢摩傳承人凝固的記憶。彝族儀式所認知和表述的空間，是一種被記憶的空間。

# 三、儀式空間的嵌套與文化融合

巍山彝族畢摩儀式空間的嵌套，還呈現了複雜的文化融合面相。據我們在儀式現場的觀察，畢摩羅開亮先生主持的這個儀式，主要有這樣幾個程序：1. 生獻裏城隍，2. 生獻外城隍；3. 熟獻裏城隍，4. 熟獻外城隍；5. 向亡靈生獻，6. 向亡靈熟獻。

羅開亮先生解釋：「城隍有內城隍和外城隍。內城隍（城裏的城隍）管拘留亡靈，亡人百日前在地獄關著，歸內城隍管；百日後放出，由外城隍（鄉村的城隍）管，外城隍更大。亡靈歸天，歸到大理蒼山，在龍王洞落腳，因為那是祖先來的地方。人死，要先送到城隍右邊擺，兒女領生獻熟。祭內城隍念經說漢話，但祭外城隍必須說彝話。各說各的不同。」

我問：「為什麼會這樣？城隍還是不同的民族嗎？」

羅開亮先生說：「不同。裏城隍是漢族，外城隍是彝族，外面的比裏面的更大。」

我再問：「別處的畢摩，是念指路經把亡靈送回祖地的。你們為什麼不直接把他們送上蒼山栗樹上，而要到城隍處關一百天呢？」

羅先生說：「人一輩子，不可能什麼都做好，所以要先到城隍處登記，核對生前所作所為，就像現在去派出所，經過鑒定、審判，做法事把罪去掉，才能回到祖地。正常死的歸蒼山，是魂。活了 60 甲子以上，有兒有女，是好死。非正常死的歸不了蒼山，是鬼，在人間到處晃，人不小心撞到了，就要病。鬼和魂不同。二三十歲早夭、無兒無女，鬼一半魂一半；60 歲以上有兒有女，但如果是自殺，也不是魂；七八十歲雖然有兒有女，但落氣時兒女不在身邊，沒有接到氣，也成不了魂。這些情況，都要開草弔（即用草紮成人），重新出煞、接氣，草弔開了以後獻過城隍，就同樣是魂了。現在給她家老么做法事，就是請城隍管好到處晃的孤魂野鬼，莫要害人。也要獻給那些鬼一些吃的，請它們高抬貴手。」羅先生認為，羅金秀家老么（小兒子）的病，是不小心撞到這些到處晃的鬼了，所以要請祖先神和城隍幫忙消消。

在雲南巍山的一些小廟裏，都供奉有城隍的牌位，這似乎界定了轄區的空間範圍。為了表明轄屬關係，必須供奉城隍、本境地主、各種土主等，即地方

的保護神。羅開亮先生致城隍的疏文，明確表述這是「大中國雲南省蒙化縣」的下民所呈。而巍山民俗雕版木刻中，城隍也分別有城隍、本縣城隍（疑即內城隍）和城隍司等多種。主管陰司的內外城隍，分工明確、內外互動。

城隍土主。雲南大理　　　　城隍。雲南巍山　　　　本縣城隍。雲南巍山

　　大理巍山一帶彝族民俗信仰中的地方保護神是土主，土主往往同時也是祖神或與祖神相關。巍山彝族舉行「二月八」祭祖大典的時候，有個細節值得注意：參祭者要先接密枯地脈（以土為象徵），把密枯地脈接到土主廟祭祀，再送到村後的栗樹下祭祀，以此把土（地脈）和樹（祖神）連在了一起。在羅開亮先生這裡，木刻的祖像和向木而祀，當與祖先來自蒼山之樹的信仰有關；而祭祀地方管轄神的城隍在樹下設壇，可能又和社神有一定聯繫。城隍屬於特定區域空間的神靈，具有區域土主或社神的性質。將地脈接到土主廟並連接到祖神密枯栗樹那裏，這種祭祀儀式，其淵源當較為古遠。莊子曾談及：「櫟無用則為社」，「匠石之齊，至於曲轅，見櫟社樹。其大蔽牛，繫之百圍，其高臨山十仞而後有枝，其可以為舟者旁十數。」〔註10〕

　　祖社同源，以樹木作為社神的習俗，也是中國傳統文化的一個特點。

　　道教和佛教傳入巍山之後，一些神佛融入進彝族民俗信仰的神靈系統之中，如畢摩祭辭裏提到的城隍、判官、觀音等。但與內地道教佛教神靈系統有所不同的是，在多民族混居的巍山，這些神靈均入鄉隨俗地嵌入到彝族的信仰和習俗中。例如城隍，不僅是人間的地方保護神，鄉民有病有災要請它化解；也是地獄的陰司主管，判別亡靈在世時的功過是非，淨化後為亡靈帶路，送上祖地蒼山。彝族畢摩古老的指路經指述，人從蒼山栗樹上來，死後回到蒼山栗樹上，空間指向十分明確。但受道教影響之後，送靈的傳統路徑之間嵌入了一

〔註10〕新世紀萬有文庫本《莊子·人間世》，遼寧教育出版社1997年版，第14頁。

個地獄空間，人死先從人間落入地獄，由內城隍審判。百日後放出，由外城隍帶亡靈歸天。此處的「天」，也嵌套在人間實地的大理蒼山。

在巍山彝族畢摩看來，城隍不僅分內城隍和外城隍，還有族屬。內城隍是漢族，外城隍是彝族。祭內城隍念經說漢話，祭外城隍說彝話，這樣兩位城隍才聽得懂，不會辦錯事。說彝話的外城隍之所以「大」，是因為它要為彝族死者的靈魂引路，帶他們回歸祖地。彝漢身份的兩位城隍，配合默契，在地獄和蒼山祖地兩個靈性空間來回穿越。

更為獨特的是，在請外城隍引導亡靈上路的時候，畢摩在「指路」儀式中，還須專有一個「漢裳兄妹請到家」的儀式。畢摩用紅色染料把飯和肉染紅，然後佯餵給一對被視為新婚夫婦的紙紮漢裳男女，邊餵邊唱喪調，請漢裳阿哥阿姐幫忙護送亡靈。〔註11〕為什麼彝族的儀式中，不僅有漢族城隍參與，還有漢裳兄妹要祭呢？巍山彝族認為，南詔國的興亡，都與漢人有關。南詔國興盛時，從成都武力「引進」（擄掠）了幾萬漢人工匠來發展生產力，還任用漢人俘虜鄭回做清平官（宰相）；而南詔國的滅亡，也是鄭回的後人鄭買嗣所為。所以，彝族亡靈要回到祖先發源地蒼山，因要經過漢人管轄的領地，故須請漢裳兄妹領路。彝族的靈性空間與漢族管轄的現實空間嵌套在一起，畢摩指路，不能不考慮這些因素，妥善處理好族際關係，好讓亡靈順利到達祖地。

但漢裳兄妹何以被說成是新婚夫婦呢？曾有人拿彝族洪水神話中兄妹成婚的故事來解釋，說彝族地區有把夫妻稱為兄妹的古俗。〔註12〕這讓我忽然想到，當時記錄的畢摩羅開亮和參加儀式的羅金秀家的親屬關係圖，很多對夫妻都姓羅，這意味著什麼呢？我問阿赫，他告訴我：「巍山彝族居住現狀多以一姓為單元相對集中地散居在山裏，雖然彝族不提倡近親結婚，但因交往有限，在過去大都是同姓結婚居多。關於姓的問題，除四川涼山彝族仍保持彝姓外，很多地方都不再用彝姓了。南詔十三王父子連名製是正史記載的傳統姓氏，當年編纂中國彝族通史的時候，在昆明祿勸縣民間找到一部父子連名製的家譜，記載有260多代，當地至今保持著年長族人都讓小孩背家譜的習俗。在大理地區，至今從未發現用彝族文字記載的文獻典籍，畢摩經文的傳承全靠長輩的口

---

〔註11〕楊甫旺、周紅主編：《彝族畢摩口述史》中《魂兮兮遠行，路兮兮歸祖——巍山彝族畢摩羅開亮口述記錄》，雲南民族出版社2018年版，第50頁。

〔註12〕楊甫旺、周紅主編：《彝族畢摩口述史》中《魂兮兮遠行，路兮兮歸祖——巍山彝族畢摩羅開亮口述記錄》，雲南民族出版社2018年版，第50頁。

傳心授。」〔註13〕上個世紀 50 年代以後，少數民族改漢姓漢名的情況比較多見。一般情況是，在本民族名字之外，還會有個「學名」或跨族社交身份名。彝族年輕人的很多「學名」，往往是學校老師或與之交往密切的漢族所起。這在彝漢雜處的巍山地區比較常見。在巍山，漢姓似乎取代了彝族原有父子連名製的命名方式。

後來我電話聯繫上羅開亮先生，並和他現在也做畢摩的小兒子羅光明加了微信，才弄明白，過去巍山彝族娶妻之後，妻子就得改姓，跟夫家同姓。比如羅開亮先生的妻子羅仙桃，實際姓茶；羅光明的妻子羅拾梅，實際姓李，她沒有改姓。羅開亮先生給我講述的親屬關係，妻子都姓羅；而他的小兒子告訴我的，是妻子的原姓，而且說明，她沒有改姓。我看參加法事的羅寶德羅青德兩兄弟的妻子，在我的記錄中被標注的分別是茶姓和毛姓，可見年輕一代，已經不隨舊俗改姓了。看來，字面上的東西，如果不和實際對照，也是容易發生誤讀的。羅光明還告訴我，巍山是多民族雜居地，現在彝漢通婚也沒什麼稀奇了。

所以，巍山彝族的同姓成婚，不應該被誤讀為有親緣關係的婚姻，更與神話中的兄妹成婚無關。妻隨夫姓和父親以兄妹相稱的習俗，最多也就是對神話的一個象徵性回應。據巍山彝族《指路經》記述，巍山彝族更早的來源是九隆哀牢族的後裔臘邏人，又稱倮羅。羅姓，可能與臘邏、倮羅這一支部分彝族用彝音借漢姓的經歷有關。按古俗，彝族行父子連名製，如巍山彝族祖姓蒙，《南詔德化碑》所載南詔王「蒙閣邏鳳」，蒙是祖姓，閣邏鳳為雙名，其中是閣是父名。〔註14〕蒙氏南詔的父子連名譜系是：「哀牢之後」蒙舍龍（又叫牟龍獨）—獨細奴—細奴邏（南詔初王）—邏盛—盛邏皮—皮邏閣（唐賜名蒙歸義）—閣邏鳳—異牟尋—尋閣勸—勸龍晟……據巍山巍寶山一帶彝族稱，南詔國滅亡時，為了逃避追殺，蒙氏後裔將「蒙」字取其偏旁，拆解為「茶」和「字」兩姓，避禍於山中。至今巍山彝族「茶」和「字」兩姓，均自稱是王族後裔。而在人間去世的南詔初王，則成為蒼山祖地的靈界總管。由於這層關係，彝族出殯，死者的腳朝前，他們說，別的民族到那裏需要磕頭求門，而彝族只要用腳踢開大門就可以了。

---

〔註13〕赫振偉 2023 年 7 月 20 日給我的微信回覆。
〔註14〕張錫祿：《白族姓名探源》，見楊仲錄、張福三、張楠主編：《南詔文化論》，雲南人民出版社 1991 年版，第 493 頁。

巍山彝族傳統的父子連名製，是子連父名，姓沒有顯示；改為漢姓後，突出了姓，父名不再相連。妻隨夫姓的習俗，也在年輕一代中不再被遵守。彝名漢化、彝漢通婚等現象，從一個側面也反映了同處於一地的彝族和漢族文化融合的情況。

巍山彝族畢摩主持的這次祭城隍儀式，只是彝族眾多民俗儀式中較為普通的一個。但僅僅通過初步的觀察，我們也可以看出彝族儀式空間呈現的豐富文化內容。

首先，儀式的核心象徵物是栗樹。樹木在彝族傳統文化中，具有十分重要的地位。彝族畢摩舉行重大儀式，要在祭壇上插青樹枝。所插樹木，對應著宇宙時空。樹又與祖源相關，巍山彝族認為自己這一支來自蒼山上的黃栗樹，所以人死送靈也要送回到蒼山黃栗樹上。巍山彝族營造的儀式空間，依託可見可感的樹木、山嶽、天空、大地和物態祭品，是被感知的自然空間。

其次，儀式空間的時態指向過去。在儀式中，畢摩確認的空間位置是古代的「蒙化」而不是現在的行政區域巍山，這除了和傳承人既有的傳承經驗有關，可能還與他們對蒙氏祖先從哀牢（今雲南保山一帶）來到此地創建「蒙舍詔」和「南詔國的歷史記憶，甚至更為古遠的神話時代的文化記憶有關。巍山彝族敘述的儀式空間，是自己民族幾個重要時間節點的固化表述，是被凝固的記憶空間。

再次，地域空間多民族雜處的歷史和現實，使彝漢等民族不僅在居地有空間的共享，也在文化上有跨族互動和融合，如儀式中起重要作用的彝漢城隍、漢裳兄妹，生活中的彝名漢化、彝漢通婚等。巍山彝族體驗的儀式空間，是多民族互動，跨文化融合的共享空間。

最後，靈界空間更是處於複雜的嵌套關係之中。彝族神話建構的靈性空間，是來自於蒼山黃栗樹，又回歸蒼山黃栗樹的生死之路；彝族畢摩祭祀，都要用樹木，因為樹可以連通三界空間。樹梢連接天界，樹幹立在地界，樹根伸到地下界。道教傳入之後，在大理蒼山祖地之間，嵌入了一個陰司地獄，分別由裏城隍和外城隍內外聯動，將地上（人居之地）、地下（地獄）、天（蒼山栗樹）三界連通。而地方空間的社神和祖神也經由儀式，疊合為祖社同源的靈界空間。彝族古老的靈木崇拜、祖先崇拜和漢地丁蘭刻木的孝道傳說無縫對接，土主守護的地上村社空間與城隍管轄的地下魂獄空間嵌套在了一起，甚至本該在廚房的灶神，也和祖神並列而祀，並榮享左邊的尊貴位置，在人間監護司

命，上天奏報所居之戶的功過，遊走在兩界空間。巍山彝族心目中的空間，是個多重嵌套的超自然的、被幻化的想像空間。

　　由此可見，巍山彝族民俗儀式所構建的空間，有現實空間和靈性空間的嵌套，也有靈性空間互相的疊合，是一種在自然空間和超自然空間狀態下，多重嵌套、彼此滲透的結構關係。處於這種空間結構中的生命或靈體，依靠作為人—靈中介的畢摩，通過現實的大樹、祭品、疏文、刻木、符像等物象、雕像和圖像，經由儀式「送」達另外一個靈性空間，求助超自然的力量協調人—靈關係。雲南巍山彝族傳統文化傳承人「畢摩」在民俗儀式中，通過神話傳說、儀式行為以及栗樹崇拜、木刻祖像、民俗雕版木刻等物象、雕像和圖像，營造了一種充滿視覺感的儀式空間。栗樹扎根冥界，立足人間，通達天界，呈現溝通三界的靈木之象；漢地《二十四孝》丁蘭（郎）刻木的孝道故事，化合於彝族刻木祭祖的信仰中；彝漢身份的內外城隍共管的冥界空間，嵌入在從世俗空間回歸蒼山祖地靈性空間之間；送靈儀式中對漢裳兄妹的祭祀，反映了彝漢互動與文化融合的現實；而畢摩認知儀式空間的時態，則是歷史記憶的固化表現。

# 第二十章　民俗雕版木刻符像「圖語」和「句法」結構

　　以物象、圖像、空間設置、身體姿勢等非文字方式表達和傳播信息，是人類古已有之的文化傳統。民俗雕版木刻，就是以圖敘事或圖文互詮的形式之一。

　　民俗雕版木刻在儀式中使用的時候，首先要在文牒填上使用者相關信息，由巫師、道士或法師開光、蓋印，方為有效；它們或焚化，或黏貼，或懸掛，或拋撒，通過風、火或空間佔有向靈界傳達信息。在較大的儀式中，根據法事需要，一般還會在符上塗以雞血等物，以助祭祀靈力。這些符籙在祭祀科儀中，並不完全分離，一是圖、咒、文常常同刻於一塊版上，二是各種符籙根據祭祀內容和對象的需要，和不同物象或圖像進行組合，交互使用，形成不同的「物語」或「圖語」。

## 一、物語

　　在法器中，杯筊是法師瞭解神意的重要媒體。杯筊有用金屬做的，形如貝殼；傳統的是用牛角角尖、硬木等物，一剖兩半，平面是陰，凸面是陽。請神時由法師祭祀後拋擲在地，通過杯筊的不同形態顯示了神靈不同的意願。

儀式中放置於神凳上的銅鑼、神圖、邪刀、杯珓和香。廣東連南，2004，周凱模攝　在儀式中拋擲杯珓的先生公。廣東連南，2003，周凱模攝

　　杯珓不屬於本書討論的民俗雕版木刻，但民間在舉行各種儀式時，多有拋杯珓的行為，與本章討論的話題有一定關係，故簡略介紹一下。

　　廣東的瑤族、畬族和漢族法師在舉行法事前，都會拋擲杯珓，以此得到神靈的指示。廣東一位畬族法師解釋了杯珓呈現陽杯、陰杯、聖杯、立杯的形態和含義：如果雙面皆凸形為陽杯，表示神靈在考慮當中，是否上神壇；兩面凹形為陰杯，表示神靈不同意；一陰一陽為聖杯，表示神仙已經同意上神壇；兩個都側立為立杯，表示神靈非常贊同，一個立杯代表 20 個聖杯，大吉，這樣的形態是很少見的。在堅實地面或桌面拋擲，不可能擲出立杯，只有在米上或鬆軟沙土上才可能擲出。法師說，如果聖杯用木頭雕刻，形狀較大，師傅苦練的話，是能夠拋出這樣的形態的。

　　據我們現場觀察，這其實是一種概率性的心理遊戲。法師拋擲杯珓，如果一次即呈聖杯，說明神靈很滿意。但這樣的情況概率不大。如果顯示神靈不同意或還在猶豫，就要檢查祭品、紙符等有沒有問題，參與人員有沒有犯忌。檢查過後，法師重新祈禱，再擲杯珓。如此反覆不斷，直到呈現聖杯。

兩面凹形為陰杯。　兩面凸形為陽杯。廣州，2013，鄧啟耀攝

一陰一陽為聖杯。廣州，2013，鄧啟耀攝　　兩個側立為立杯，大吉。廣州，2013，鄧啟耀攝

## 二、圖語

　　東晉人常璩《華陽國志·南中志》述，諸葛亮平息南中諸夷叛亂後撤軍時：「乃為夷作圖譜，先畫天地、日月、君長、城府，次畫神龍、龍生夷及牛、馬、羊，後畫部主吏乘馬幡蓋，進行安恤；又畫牽牛負酒，齎金寶詣之象，以賜夷，夷甚重之。」〔註1〕對道教和儒家文化十分熟悉的諸葛亮，在語言文字不通的異文化族群中，以圖表意敘事，進行跨文化溝通。既尊重本土信仰及風俗習慣，又摻入漢地正統意識（如君臣關係、源流關係等），和少數民族溝通有關政治、宗教、民俗等問題。值得注意的是這段記錄所強調的諸葛亮「作圖譜」時的描述順序：「先畫」天地、日月、君長、城府，把天人關係和權力位序問題置於首位；「次畫」神龍、龍生夷及牛、馬、羊，似乎是按照當地流行的神話意識形態在追溯人和萬物起源的古史，實際是暗示神龍對諸夷的統轄關係；「後畫」及「又畫」部分，則分明在指點關於層級規章、貢獻安恤的事了。這些圖像，有人推測圖譜可能用紙繪，〔註2〕也有可能以圖版形式傳承下來。無論是用紙手繪，還是以圖版形式傳承下來，均為一種非文字的「圖語」，能夠跨文化超族群進行「交談」。

　　歷經千年的文化交融和族群互動，諸葛亮通過「圖語」與之對話的南方少數民族，也形成了自己複雜的神靈系統和「圖語」表達方式。反映在符像上，既有本土民間信仰的土主靈怪，也有從漢地、藏區融入的道教佛教神佛和儒家先賢聖哲；在「圖語」應用方面，無論是祭神敬祖、求吉祈運，還是安宅鎮土、驅邪祛病，它們在各種儀式中都被廣泛使用。

〔註1〕常璩：《華陽國志》，中華書局四部備要本；巴蜀書社 1984 年版。
〔註2〕李曉岑、朱霞：《雲南少數民族手工造紙》，雲南美術出版社 1999 年版，第 5 頁。

　　符像是簡版的神鬼畫像，通過造像、服飾、法器等大致勾勒出不同名號神鬼的特徵。可根據儀式需要單獨使用，也可以組團參加某一大型法事。神鬼的善惡，多以紙的顏色相對區別。但正如世事一樣，善惡不是絕然兩分的。善惡彼此對立，卻又可能相互轉化、互動、互為因果。民間認為，「舉頭三尺有神靈」，神靈無所不在。人若言行不慎，待人處事失當，都有可能冒犯神靈。善神會給予懲罰，惡靈更要降下災禍。反之，如果多行善事，運勢會變，逢凶化吉，惡靈都會助人一把。所以，民俗雕版木刻製品在民俗儀式中，如何搭配，怎樣使用，都暗藏著許多「辯證法」式的玄機。

　　在各種法事活動中，許多民族常用的符像類雕版木刻紙印作品主要印製地方各種神靈、精怪和靈界使者。舉行法事活動時，由主持儀式的民間巫師神婆或道公先生根據所祀神靈或需要驅趕的鬼邪名號，選取相應的「馬子」，在儀式中使用。

　　如果說，這些圖符是一種「詞彙」，那麼，這些「圖語」是怎麼結構的？它們怎樣表意？其能指和所指又如何建構？符籙中的專符作為一個「專詞」具有幾層詞義？符籙中的套符作為一個「句子」，又依據什麼「語法」規則進行組合？它們的語境是什麼？都是十分有趣的問題。

　　雲南巍山的道人告訴我：「人有五臟六腑，馬子當然也得互相配合。」他說的這個「配合」，就是在不同的儀式中，根據不同的需要，將疏文、文牒、符咒、符籙和諸神馬子進行組合，形成不同的結構體。這些組合比較繁雜，主要以諸神性質和儀式功能為依據，同時兼及時間、對象、陰陽屬性和互動關係等因素，如同中藥的搭配。比如朝山、求財，每月初二、十六，配一封表文，並按照四季月份，配不同的粿子、黃錢和香，每一季，配一對粿子，一份黃錢，三炷香。12 月，需要四對粿子、四份黃錢、十二炷香；如果在 11 月，則為四對粿子、四份黃錢、十一炷香；和財神、阿（女舌）之神一起燒。招財童子、利市仙官是財神的下屬，所以要和財神配。到本命年時，把「當生本命星君」這個馬子貼在升斗上，供奉在正堂，祭獻後和貼在側房的「翻解冤結」馬子一起焚化。供奉空間不一樣，但由於某種不祥的特殊時間（本命年），而和性質相似的「翻解冤結」聯繫在一起。

　　在民俗儀式現場，我們看到不同儀式配用的不同紙符，言說著十分豐富的文化信息。

　　符像的配置，其實是和民俗生活同構對應的。比如建房，要動土、砍伐木料、請木匠泥水匠師傅等，就要配用數十種紙符，包括施工會涉及的土神、樹木之神、房屋木氣之神、張魯二仙，動土或外出伐木可能驚動的太歲、橋神路神，動刀斧可能衝撞的五路刀兵、血腥亡魂、掌兵太子、打獵將軍、白虎，寒熱往來不慎招惹的瘟司聖眾、瘋魔祖師、白鶯太子、黑煞、羊希、水汗之神、消神、夜遊、獨腳五郎等疫病之神，上樑要祭紫微、圓木大吉，落成要請喜神、安謝土神、水火二神等眾神，搬進新家要除舊穢、解冤結、祛哭神等。其他如財神紙、喜神紙、過關紙、過年紙、領魂紙、利市紙、天地紙、月神紙、關聖紙等，大都是配套的。

　　具體到儀式的開始、進行過程和結束，都需要配合相關的視覺傳達行為並配置不同的符像碼子。例如中元節的「講目連」法會，開始儀式是開壇，要擺壇、演奏洞經誦唱表文（上表、安幡），恭請諸神下凡護佑，借助神力破五獄、消災救赦，迎接已故先人的靈魂回來過節（「鬼節」）。這個時間節點，通過老君像前插有劍、香、令旗等物的升斗上所貼的「當生本命星君」碼子指示了。「當生本命星君」或「本命星君」、「當生本命」、「本命星官」、「本命元辰」等都屬同類型碼子，一般是在某些可能出現問題的時間關頭或不順時節，如本命年、鬼節，或出現破財、生病、招惹是非或官司等情況下，就要祭祀「本命星君」，求其保佑度過關厄。「當生本命星君」同時又是被招魂者的身份確認，以保障經過儀式認證的魂靈，能夠得到超度，避免邪靈混入而超度錯了。還要根據不同年齡、不同職業等情況，設置不同法壇，配置不同紙符。比如同是「轉運」儀式，針對年輕人的，要擺，配以「解太歲轉運九宮八卦風生水起陣」套符；而針對老年人的，則要擺，配以「解太歲轉運九宮八卦吉祥如意陣」套符。廣東畬族法師解釋：有很多陣，都不同的，例如風生水起陣，是年輕人做事業，正需要發展的；老年人用不著再「風生水起」，需要安享天年，所以要用「吉祥如意陣」套符。

# 三、符籙密咒

　　符咒、符籙是在道教和民間信仰中流行的一種象徵符號，常人不可知，唯法師才能明白其意義並在法事中使用。無論是仗劍對空畫符，還是在黃紙上用朱砂畫符，旁人看去奇異纏繞的線條，在法師心目中卻是意義非凡、具有威力的法器。

　　據考，道符之源，乃在於古代原始宗教之巫符；〔註3〕或吸收了古代巴蜀的原始文字或「巴蜀圖語」。所謂「巴蜀圖語」，又稱巴蜀符號或巴蜀圖形文字，是在四川省出土的戰國至西漢初的文物上發現的一些圖形符號。巴蜀圖語主要分佈在銅兵器、銅樂器、銅璽印等器物上。典型的巴蜀圖語是虎紋、手心紋和花蒂紋等等。隨著考古工作的進展，越來越多的類似符號被發現，目前主流觀點認為這是巴蜀古族用來記錄語言的工具、族徽、圖騰或宗教符號，是一種象形文字，是巴蜀文字的雛形。已發現的巴蜀圖語超過二百多種，分為三類：一類像圖畫，稱為圖語，跟原始的象形字頗為相似；一類刻在銅戈、銅劍上，方體豎排，稱為戈文，最像文字；一類刻在印章上，叫做印文，已跟漢字一同出現。九成以上是刻在銅兵器上的，年代在公元前 9 世紀西周到公元前 1 世紀西漢之間，前後延續長達 800 年之久，據推斷可能產生於古蜀國開明王朝時期。〔註4〕王大有先生認為，巴蜀圖語與瑪雅文有相似的符號與組合方式。〔註5〕涼山州古籍科古彝文專家阿余鐵日發現一把刻有銘文的兵器戟上面寫有的 6 個符號性文字與古彝文記有的文字在字形字意語法上有驚人的相似，用涼山地區彝語念發音為「ji le du ze zuo mi」，其意思「戟的名字叫展翅戟」。另外，三星堆及金沙出土文物上刻有的銘文和圖畫，與彝族畢摩（彝族祭司）祖傳經書裏畫的圖像和文字也驚人相似。〔註6〕錢安靖先生認為：「考巴蜀文字在秦滅巴蜀百餘年後，至漢代而消失，但它很可能保存於巴蜀遺族之中。且原始民族的文字一般皆由巫師掌握，五斗米道既然在巴蜀地區建立，很可能在吸取巴蜀原始巫教某些成分的同時，吸取巫師所掌握的文字；這種文字為道教所吸取，作為道教的符文。聯繫巴賨、蜀叟自五斗米道一建立就翕然風從，巴蜀文字之轉為符籙，就是很自然的了。」〔註7〕道教的「符」是由一些單體的「字」組成，形式多變，頗為神秘，與這種巴蜀原始文字很相似。〔註8〕也有人認為，「巴蜀圖語」不是文字。北京大學文博學院孫華認為，「巴蜀圖語」在

〔註3〕詳見劉仲宇撰《道符溯源》，載《世界宗教研究》1994 年第 1 期。

〔註4〕百度百科 http://baike.baidu.com/view/876679.htm；http://www.chengdu.gov.cn/newsrelease/list.jsp?id=62371

〔註5〕http://blog.voc.com.cn/blog.php?do=showone&uid=2320&type=blog&itemid=164398

〔註6〕http://www.lsiptv.cn/static/2007/07/10/004231.html#comment-7691

〔註7〕見卿希泰主編《道教與中國傳統文化》，福建人民出版社 1990 年版，第 449 頁。

〔註8〕郭武：《道教與雲南文化——道教在雲南的傳播、演變及影響》，雲南大學出版社 2000 年版，第 35 頁。

眾多兵器上出現，絕非偶然。「巴蜀符號」既不是紋飾也不是文字，它應當是一種帶有原始巫術色彩的吉祥符號。將這種吉祥符號鑄於兵器之上，其用意大概是佑護使用者，讓使用者免於傷害，給使用者以力量和勇氣，激勵使用者奮勇殺敵。什邡市文管所的考古專家楊劍和劉明芬提出，萬物有靈、人神互通的宗教信仰是三星堆文化的重要特色，三星堆宗教祭祀活動充滿了「薩滿教」色彩。在晚期巴蜀文化的圖形符號中，面具紋、神樹紋、眼形器紋、手形紋、心形紋、璋形紋、戈形紋等，仍然帶有「薩滿教」的原始巫術色彩，這些符號不能一個符號、一個圖形地宣讀，只有當這些圖形符號構成一組特定的「巴蜀圖語」時，它們才有意義，並且這種意義只有當事人才能解釋。〔註9〕

符籙密咒是民俗祭祀和道教科儀求吉驅邪的常用之物，主要形式是經典經文的刻錄，符表中的疏文和文牒主要以文字表述，文字能指確切，所指清晰，人能看懂；還有一種是生造的「文字」，多為若干文字的意象性合體。主要方法是把文字加以圖形化或意象化，大幅度變形，讓人似曾相識又無法釋讀，以達到「不可言說」的神秘化效果，如以「雷」「敕」「屍」「鬼」「漸」「耳」等字疊加各種鬼靈名號的「覆文」，以及用奇異線條衍化的符號。被神化了的文字稱為「雲篆」，傳說是天神所書，又稱「天文」「靈文」和「真文」。這類「文字」，有的可以識讀，如把「招財進寶」之類吉語互借偏旁，合為一個字符；有的無法辨認，如把一些具有震懾意味的文字，拼合成一個近乎符咒的怪字。

雖然昆明的至果道人對筆者一再強調：「心意」或「敕慧」比符篆、念咒和招訣等級高，不過，在信仰甚於實用的國情民情的狀況下，法師們最被看重的本領仍然是實用科儀以及看風水、占卜、治病、養生、法術、術數等，對於很多以術謀生的法師來說，符籙、念咒和招訣多為口傳身授，一般只知應用，不曉義理。他們常做的事也就是念咒招訣，仗劍走罡，為人算命、祈福、酬願、驅邪、消災、治病、慶生、超度。談玄的不多，悟道的更少。許多道人連道教基本典籍都不讀，讀也只照本宣科，把它當經咒來念，無從談「心意」或「敕慧」。重「術」既是普遍現象，符表、符咒、符像及相關法器和祭品，自然是比較通用的流俗樣式，在與道教有關係的一些民間信仰活動中尤為盛行。

筆者訪談的道人和民間法師，多長於實用，不擅談玄。好在他們也喜歡以圖說事，在與他們接觸的過程中，慢慢琢磨出一點道道。

---

〔註 9〕http://learning.sohu.com/20060728/n244486007.shtml

　　比如至果道人抄在筆記本上的一些符籙，或可大致看出圖符組合的某些
規律，符籙「語法」的構成實是與道教理論相應的象徵性符號組合。比如符頭，
那象徵三清的三個勾和雨字，組合成潤澤下界的意象；符尾的圖像是坤卦的變
體；兩側纏繞的線條是訣，訣多（即繞的圈多）則說明法事大。還有的符籙，
加進了一些圖像，如鎖住的鎖，與民間常用的「長命鎖」，具有相同保命擋邪
的作用；在符中畫日月雲，符下畫一把剪刀連接著陰陽魚形「金光」和雲形「火
光」，再加上三朵雲，亦是假借上天之強力剪除疾病邪穢的象徵；如果再蓋上
符章，更是威力無比。

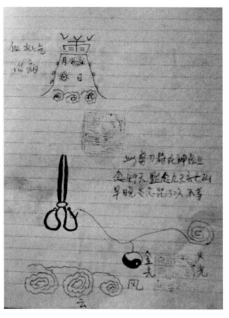

至果道人在自己筆記本上畫的治病符。雲南昆明至果道人提供

　　道教法事常用的陰陽八卦圖，也有許多玄機。我見至果道人家中供案前掛
了一塊用紅布做的陰陽八卦圖，向他請教，他說，這也不是亂掛的，要看拜什
麼，知黑守白。神案前用常見的後天卦黑白右旋，順時針方向；卦象也不同，
一般是乾上坤下。門面用後天返先天卦，黑白左旋，逆時針方向。陰陽八卦圖
的旋法和方向很有講究，陽卦陰卦的位置有順有逆，順則昌，逆則亡；或者逆
則成仙成道。

　　我問：「不是說逆則亡嗎？怎麼又成仙成道了？」

　　張師答：「人到一定時候老了，要年輕，只有逆著走，從後天返先天，61
歲才1歲。當然，卦象只是一個符號。只有先天修煉好，後天才可返先天；如

果修煉不好，要返，只是說著玩。」〔註10〕

　　至果道人打開筆記本，為我解釋，針對不同問題，可以用不同的陰陽八卦圖來處理。

至果道人與貢案前的陰陽八卦圖。雲南昆明，2008，鄧啟耀攝

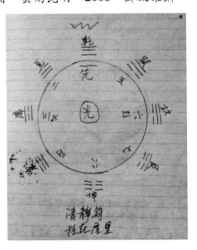

道光符。　　　　　　　　　　　　　　清淨符。

〔註10〕訪談對象：至果道人，訪談時間：2008 年 12 月 24 日，訪談地點：雲南昆明「玄機閣」，訪談人：鄧啟耀。

－1065－

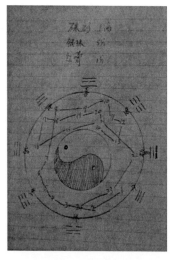 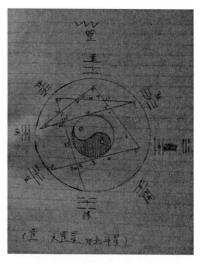

有 24 步的踏罡步法　　　天罡星踏罡步法（也是 24 步）

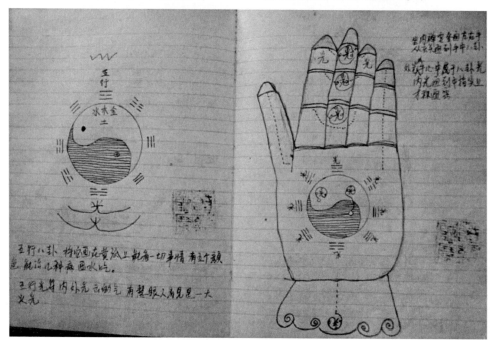

五行光符。八卦光符。以上均為雲南昆明至果道人提供

歸結下來，符咒的結構方式大致有複合、分解和變異幾種形式：

一是「覆文」，即幾個不同字的複合、分解和變異，常見字型有雷、雨、風、雲、金、木、水、火、土、神靈鬼魅等的複合、分解和變異，如：

複文。雲南巍山

二是「複筆」，即某一筆劃的多次重複和延伸，如：

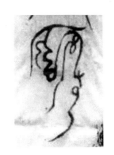

複筆。雲南巍山

更多的是複合、分解和變異幾種形式合為一體的。許多造字無法讀音，只能會意，靠形的分解組合會意，字的分解組合會意。這是一種視覺化的結構性認知方式。

複合與變異。雲南巍山

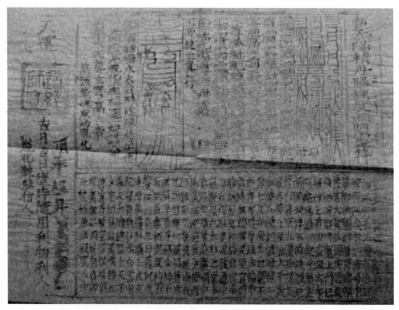

可辨識文字和不可辨識文字及符咒的複合

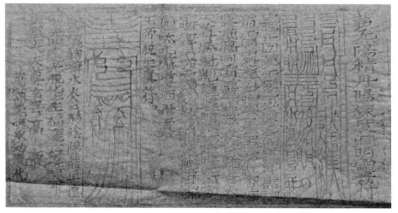

可辨識文字和不可辨識文字及符咒的複合（局部）

# 四、民俗雕版木刻的「句法結構」

如果我們把民俗雕版木刻視為一種「以圖敘事」「以圖象徵」的非文字表達方式，是一種語言學或符號學意義的「圖語」，就應該回答，民俗雕版木刻圖像的「詞」由什麼「語素」構成？其能指和所指如何建構？其圖像關係組如何形成「句子」？怎麼表意？有什麼樣的「句法結構」，在什麼「語境」中言說？

### 語素—詞—符碼

語素是語言中最小的意義結合體。構成漢語口語的語素有音節（單音節、雙音節、多音節）和語義，構成漢字的語素有字形（如漢字不同的偏旁部首）和詞義，並以象形、指事、會意、形聲、轉注、假借等方式結構成詞；而構成「圖語」之「詞」的「語素」，則有圖像、文字和圖義，它們的結構方式，更多以象形、指事、會意和假借為主，同時加上象徵、借喻，甚至抽象，等等。圖像語言多樣的語素，建構了圖語豐富的語彙。

象形：這是民俗雕版木刻作為一種視覺藝術最基本的特徵。每張紙馬，都是某個或某些神靈的形象描繪，無論這些形象是世人的鏡象，還是神鬼的幻象；無論是寫實，還是寫意，都基於象形。

指事：與圖像「互文」的是文字，文字是民俗雕版木刻不可分割的部分。幾乎每張紙馬上，都有文字標注神靈名號。這些名號規定了神靈的職責，指涉著特定的民俗儀式事項，代表著所祀圖像的範圍和意義。

會意：文字指涉不明的，通過圖像實現意會，如標注「隔角」「格各」「隔割」的紙馬，僅文字難以會意，即以烏雲密布下的孤女顯示戀愛被阻隔割斷的情境；或以一男一女牽手的圖像投射打破阻隔祈望團圓的意象。

格角（隔割）神。雲南騰沖　　格角（隔割）神。雲南梁河
〔註11〕

假借：漢字六書的象形、指事、會意、形聲是造字法，轉注、假借則是用字法。圖語中假借的方式是圖形的借用或挪用。借用的原因可能是原版遺

---

〔註11〕本圖採自趙寅松、楊郁生主編：《中國木版年畫集成・雲南甲馬卷》（集成總主編馮驥才），中華書局 2007 年版，第 268 頁。

失，不得不借用圖像或意義相似的版子，改頭換面；也有完全照搬，只是改換名目。

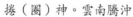

捲（圈）神。雲南騰沖　　　　　　　草仙。雲南騰沖

　　象徵：象徵是一種修辭手法，卻可成為圖語的「構詞」方式。一般來說，文字的指事和會意相對穩定，但也有一詞多義的現象。圖像所指的不確定性更強。為了穩定圖義，民俗雕版木刻除用文字鎖定圖像意義，還用色彩強化其意義性質。如善神多塗色或用彩紙印製，惡靈則用白紙或材質較差的土紙印製。另外，一些已經成為文化象徵的圖像，如象徵日月的金烏玉兔（或玉蟾），象徵四方的青龍、白虎、朱雀、玄武四靈，象徵五行並用五色彩紙印製的五方土龍等，其意義在中國文化語境中具有共識性。在民俗雕版木刻中，鳥、兔、蟾蜍、龍、虎、龜等現實物象是圖語的能指，而陰陽、方位或五行則是圖語的所指。

　　借喻：借喻也是一種修辭手法，亦可成為圖語的「構詞」方式，具有「動詞」或「形容詞」的某種特點。民俗雕版木刻的借喻可通過以下方式實現：一是文字的借喻，如「勾絞」，從字面看就是一種糾纏不清的意思；一是圖像的借喻，畫面中的男女長相怪異，或手臂勾搭，或手持鉤狀物，喻示關係失常、易被「勾絞」；還有就是行為的借喻，傳統觀念認為男女授受不親，勾肩搭臂有失體統。其他諸如「八洞神仙」也是借喻，俗語有「八仙過海，各顯神通」，因其善走，而成為旅者敬奉的神靈。

勾絞。雲南騰沖　　　　　　邪祟勾絞。雲南保山〔註12〕

抽象：文字能夠表達抽象概念，圖語也可以在一定程度上表達抽象概念。比較典型的是陰陽八卦圖、五行生剋圖、星象圖、踏罡圖等，在理論層面，它們是中國傳統哲學、宗教和科學關於宇宙觀、本體論等學說的高度概括。在實踐層面，法師在儀式中使用的各種符籙，也大都抽象化為符碼或符號。

句子—圖像關係組

和文字的詞一樣，單幅的民俗雕版木刻也可能是多義的，並可以和其他圖像形成「句子」或「詞組」關係。

在民俗實踐中，單幅的符像和符籙，既可以作為專符使用，同時，作為一個「單詞」，它們也具有多重「詞義」，可以傳達不同的文化意義；還可以和其他「單詞」組合為套符，形成意義更為豐富的「句子」或「詞組」。比如雲南大理地區數量眾多的「本主」紙馬，既是地方保護神，同時也可能成為某種文化神或行業神：「大黑天神」「打獵將軍」是本主，也是驅瘟逐病的大神；「老太之神」是大理海東老太箐村的本主，同時兼管著邪靈「姑悲惹」（意為「出沒於河流邊的靈魂」），所以，如衝撞到這個邪靈，就要在豬圈中打滾，塗抹神靈忌諱的生韭菜，讓喜淨怯污的「老太之神」把邪靈逼離；也有完全偶然的，如鄧賧詔詔主的隨從馬三爺，僅僅因為他姓馬，就成為分管畜牧的「馬神」。

符籙中的套符作為一個「句子」，又依據什麼「語法」規則對不同「單詞」進行組合？

〔註12〕本圖採自趙寅松、楊郁生主編：《中國木版年畫集成・雲南甲馬卷》（集成總主編馮驥才），中華書局 2007 年版，第 270 頁。

　　同類「組詞」，即性質相似，形式相同的紙馬形成套符。如過關紙，無論是 24 關還是 36 關，都是人從小到大可能遇到的災厄，需要象徵性地預先通過。這一套過關紙，在造型上，圖形風格、尺寸、用紙、用色等都有較大相似性；在使用時，也一齊張貼在桶狀器物或懸掛為門簾，讓過關的孩子從中通過。另如「拜觀音套符」，主要求吉，其符配置也是吉系列的：

　　異類「組詞」，即把不同性質和形態的紙馬組合在一起，形成互相制約或互補關係的套符。如禳祛兵燹凶死的儀式，除了需要安撫「刀兵五鬼」「七殺」之類邪靈，還要配以制約它們的「掌兵太子」；起房謝土，既是喜事，也可能因動土伐木而衝撞神靈，所以，需要在不同時段，配祀不同的紙馬：動土伐木時祭土地、山神、木神，起房蓋屋時敬魯班，上樑獻紫微，落成後貼喜神及一大批要謝的善神和需趕的邪靈，所以謝土儀式使用的紙馬，要用簸箕裝。

　　其他需要注意的問題，一是祭祀對象不要錯，就像話不要說錯一樣，用誰（神靈）燒誰（紙馬印的神靈），如果弄錯，不但不靈，還會惹禍；二是東西要用足，就像話要說到位一樣，法師說，如果需要六對（紙馬）他只拿三對，一張碼子剪做兩張用，小氣，不好。

### 語境

　　民俗雕版木刻，顧名思義，其言說本體是雕版木刻，其語境是民俗。作為一種木刻作品，它特有的視覺表達，包括形式風格等，已經成為與學院美術迥然不同的造型體系，值得在美學方面進行探討；但民俗雕版木刻只有在民俗中刻版印製，在民俗中使用，在民俗中解讀，它們才是活的。而民俗，涉及族群、信仰、歷史傳統、社會環境、生活方式、文化心理等方面。離開這個「語境」，這些作品便難有立足之地和生存空間。

　　目前還在使用民俗雕版木刻的人群，包括漢族、白族、彝族、藏族、瑤族、傣族、蒙古族、納西族、傈僳族、布依族、摩梭人等民族。其人文地理空間分布，廣涉中國西南、西北、華北、華東、華中、華南及臺灣、香港、澳門等地。對於這些人群來說，這些紙上的木刻作品不是用來欣賞的，而是用來解決求財、求子、求福、求壽、驅邪、除瘟、消災、免難的。它們不是通過想像進行審美的美術作品，而是借助幻化達到現實目的的「信物」。

　　說到「信」，在信仰方面，除了基督教和伊斯蘭教信眾，一般來說，對佛、道、儒和民間信仰有接觸的群體，或多或少都會「用」到年門畫、紙馬、符籙、紙錢等物。有的不一定和信仰有關，而只是一種遵循傳統或入鄉隨俗的民俗行

為，如過年貼個年畫，清明、中元燒些紙符紙錢之類。祝願新的一年萬事如意，為去世的親友焚香燒紙，是人之常情。儘管未來不可知，亡靈也不會回信，但人們還是會這樣做。這是人之為人的一種情感需要，是科學時代也需要重視的文化心理。

# 參考文獻

## 一、古籍

1. （周）傳為周公旦：《周禮》。見《十三經注疏》，中華書局影印本上冊 1980 年版。

2. （漢）戴聖：《禮記》（漢）鄭玄注，（唐）孔穎達疏，見《十三經注疏》影印本上下冊《禮記正義》，中華書局刊印 1980 年版。

3. （晉）常璩：《華陽國志》，中華書局四部備要本、巴蜀書社 1984 年版。

4. （晉）陳壽：《三國志》，見《二十五史》第二卷，上海古籍出版社、上海書店 1986 年版。

5. （晉）干寶：《搜神記》，馬銀琴、周廣榮譯注，中華書局 2009 年版。

6. （南北朝）梁宗懍撰：《荊楚歲吋記》，嶽麓書社 1989 年版。

7. （宋）孟元老：《東京夢華錄（外四種）》（據《知不足齋叢書》本校點排印），上海古典文學出版社 1956 年版。

8. （宋）歐陽修：《新唐書》，見《二十五史》第六卷，上海古籍出版社、上海書店 1986 年版。

9. （宋）吳自牧：《夢粱錄》，浙江人民出版社 1984 年版。

10. （明）施耐庵、羅貫中：《水滸傳》（據容與堂本），人民文學出版社 1997 年版。

11. （明）田汝成：《西湖遊覽志》，上海古籍出版社 1958 年版。

12. （明）徐一夔、梁寅等撰：《大明集禮》·卷之六·一二至二十。

13. （清）袁枚：《子不語》（據乾隆五十三年隨園刻本），朱純標點，嶽麓書社 1985 年版。

14. （清）趙翼：《陔餘叢考》，中華書局 1963 年版。

15. 《道藏》，文物出版社、上海書店、天津古籍出版社 1988 年版。

## 二、論著

1. 鮑江，《象徵與意義——葉青村納西族宗教儀式研究》，博士論文，中央民族大學民族學系，2003 年。

2. 蔡華：《道教在巍山彝族的傳播與發展》，《西南民族大學學報》2004 年第 10 期。

3. 陳粟裕：《于闐本地神靈信仰與佛教的融合》，《中國社會科學報》2015 年 4 月 1 日。

4. 陳澤泓：《潮汕文化概說》，廣東人民出版社 2013 年版。

5. 陳正祥：《中國文化地理》，三聯書店 1983 年版。

6. 陳支平主編《臺灣文獻彙編》第二輯·第十四冊，九州島島出版社、廈門大學出版社 2004 年版。

7. 陳忠烈：《明清以來廣東民間「天后」女神崇拜與社會經濟的發展》，《廣東社會科學》1994 年第 5 期。

8. （日）川野明正：《神像咒符「甲馬子」集成》，東方出版社 2005 年版。

9. 大姚縣石羊詩書畫協會：《石羊詩文書畫專輯》第十一輯。

10. 戴維紅：《媽祖信俗中民俗體育的變遷》，廈門大學出版社 2012 年版。

11. 戴文鋒：《在地的瑰寶：永康的民俗祭儀與文化資產》。臺南縣永康市公所，2010 年。

12. 鄧啟耀：《宗教美術意象》，雲南人民出版社 1991 年版。

13. 鄧啟耀：《巫蠱考察——中國巫蠱的文化心態》（繁體字版），漢忠文化事業股份有限公司、中華發展基金管理委員會 1998 年版；《中國巫蠱考察》（同上書，簡體字版），上海文藝出版社 1999 年版。

14. 鄧啟耀：《瀘沽湖紀事》，中國旅遊出版社 2006 年版。

15. 鄧啟耀：《非文字書寫的文化史——視覺人類學論稿》，商務印書館 2019 年版。

16. 鄧啟耀：《符像的儀式場域及表述語境——民間法事祭祀用符像的視覺人類學考察》，《民族藝術》2016 年第 5 期。

17. 鄧啟耀：《滇西巍山民間道教法事用雕版木刻紙印符籙考察》，載王建新主編《南嶺走廊民族宗教研究——道教文化融合的視角》，宗教文化出版社 2011 年版。

18. 鄧啟耀：《視覺表達與圖像敘事》。《廣西民族學院學報》哲學社會科學版，2004 年第 1 期。

19. 鄧啟耀主編（文字）：《雲南人文影像》，雲南民族出版社 2004 年版。

20. 鄧啟耀、杜新燕主編：《中國西部民族文化通志·節日卷》，雲南人民出版社 2018 年版。

21. 東莞市麻涌鎮志編委會編：《東莞市麻涌鎮志》，中華書局 2012 年版。

22. 段玉明：《相國寺——在唐宋帝國的神聖與凡俗之間》，巴蜀書社 2004 年版。

23. 馮驥才主編：《年畫》2003 年秋季號，中國戲劇出版社 2003 年版。

24. 鳳山祖廟旅遊區管理處，祖廟理事會編：《廣東汕尾鳳山祖廟志》，中國國際圖書出版社 2008 年版。

25. 郭武：《道教與雲南文化——道教在雲南的傳播、演變及影響》，雲南大學出版社 2000 年版。

26. 何浩天：《中華民俗版畫》，歷史博物館 1977 年版。

27. 胡道靜、陳蓮笙、陳耀庭選，《道藏要籍選刊》，上海古籍出版社 1989 年版。

28. 胡孚琛：《道教與仙學》，新華出版社 1991 年版。

29. 黃洞村志編撰委員會編：《黃洞村志》，嶺南美術出版社 2011 年版。

30. 黃活虎：《福建齊天大聖信仰研究》，福建師範大學碩士學位論文，2006 年。

31. 黃建華：《明清廣東金花夫人信仰研究》，暨南大學碩士學位論文，2010 年。

32. 黃挺：《潮汕文化源流》。廣州：廣東高等教育出版社，1997。

33. 黃文博：《臺灣民間藝陣》. 常民文化出版社 2001 年版。

34. 黃文博：《臺灣民間信仰與儀式》，常民文化出版社 2001 年版。

35. 黃曉峰著，《神仙江湖：潛伏在民間信仰中的神仙》，陝西人民出版社 2012 年版。

36. 黃應貴：《反景入深林：人類學的關照、理論與實踐》，商務印書館 2010 年版。

37. 高金龍：《簡論雲南紙馬》，《民族藝術研究》，1988 年第 4 期。

38. 高金龍編著：《雲南紙馬》，黑龍江美術出版社 1999 年版。

39. 高致華：《鄭成功信仰研究》，廈門大學博士學位論文，2004 年。

40. 郭武：《道教與雲南文化——道教在雲南的傳播、演變及影響》，雲南大學出版社 2000 年版。

41. 賈志偉：《騰沖神馬調研報告》，載馮驥才主編《年畫》2003 年秋季號，中國戲劇出版社 2013 年版。

42. 姜守誠：《試論明清文獻中所見閩臺王醮儀式》，《宗教學研究》2012 年第 1 期。

43. 賴志強：《喊驚：現代版畫會的廣東地方民俗書寫》，廣州美術學院美術館「圖像與社會：中國現代木刻研究論壇」，2021 年 10 月 21 日。

44. 李剛：《道教何以要整合民間信仰》，《中國社會科學報》，2012 年 9 月 11 日。

45. 李明潔：《從民國〈神祠存廢標準〉看哥倫比亞大學「紙神專藏」——兼議年畫的歷史物質性〉，《華東師範大學學報（哲社版）》2020 年第 2 期。

46. 李明潔：《卡爾·舒斯特及其中國民俗版畫捐藏》，《文化遺產》2021 年第 6 期。

47. 李明潔：《哥倫比亞大學「紙神專藏」中的娘娘紙馬研究》，《華東師範大學學報》（哲學社會科學版）2021 年第 6 期。

48. 李喬：《中國行業神崇拜》，中國華僑出版公司 1990 年版。

49. 李曉岑、朱霞：《雲南少數民族手工造紙》，雲南美術出版社 1999 年版。

50. 李遠國：《道教符籙與咒語的初步探討》，《中國道教》1991 年第 3 期。

51. 林超富：《北江女神曹主娘娘》，廣東人民出版社 2009 年版。

52. 劉道超：《論太歲信仰習俗》，《西南民族大學學報》人文社科版 2004 年第 9 期。

53. 劉曉明：《中國符咒文化大觀》，百花洲文藝出版社 2010 年版。

54. 劉仲宇：《道符溯源》，《世界宗教研究》1994 年第 1 期。

55. 呂大吉主編：《宗教學通論新編》，中國社會科學出版社 2000 年版。

56. 呂大吉、牟鍾鑒：《中國宗教與中國文化（第一卷）：概說中國宗教與傳統文化》，中國社會科學出版社 2005 年版。

57. 呂俊彪：《民間儀式與國家權力的徵用——以海村哈節儀式為例》，《廣西民族學院學報》（哲學社會科學版）2005 年第 5 期。

58. 盧美松等：《福建文史叢書 八閩文化綜覽》，福建人民出版社 2013 年版。

59. 魯迅：《魯迅書信集》，人民文學出版社 1976 年版。

60. 《魯迅藏中國現代版畫全集》編委會編：《魯迅藏中國現代木刻全集》，湖南美術出版社 2018 年版。

61. 樂保群：《雲南神馬中的煞神研究》，載馮驥才主編《年畫》2003 年秋季號，中國戲劇出版社 2013 年版。

62. （尼泊爾）洛米奧·什雷斯塔繪，伊恩·A·貝克撰文，向紅笳譯：《世界最美的唐卡》第一卷「佛和神的世界」。甘肅人民美術出版社 2012 年版。

63. 馬書田：《華夏諸神》，北京燕山出版社 1990 年版。

64. 美國哥倫比亞大學史帶東亞圖書館編：《美國哥倫比亞大學史帶東亞圖書館藏門神紙馬圖錄》，中華書局 2018 年版。

65. 門德來、唐嵐：《中國傳統色彩研究之紅色崇拜》，《南方論刊》2010 年第 10 期。

66. （蒙）M·圖亞著：《蒙古古代建築藝術中的色調》，張文芳譯，《蒙古學資料與情報》1990 年第 2 期。

67. （美）米德：《代溝》，光明日報出版社 1988 年版。

68. 彭理福：《道教科範：全真派齋醮科儀縱覽》，宗教文化出版社 2011 年版。

69. （法）皮埃爾·布迪厄：《藝術的法則：文學場的生成和結構》，劉暉譯，中央編譯出版社 2001 年版。

70. 濮文起主編：《新編中國民間宗教辭典》，海峽出版集團、福建人民出版社 2015 年版。

71. 卿希泰主編：《道教與中國傳統文化》，福建人民出版社 1990 年版。

72. 卿希泰、詹石窗主編：《道教文化新典》，上海文藝出版社 1999 年版。

73. 任繼愈主編：《中國道教史》，中國社會科學出版社 2001 年版。

74. 歐軍：《蒙古族文化解讀》，遠方出版社 2003 年版。

75. 上海魯迅紀念館、江蘇古籍出版社編：《版畫紀程：魯迅藏中國現代木刻全集》，江蘇古籍出版社 1991 年版。

76. 宋兆麟：《華夏諸神——民間神像》，雲龍出版社 1999 年版。

77. 宋兆麟：《圖說中國傳統二十四節氣》，世界圖書出版公司 2007 年版。

78. 石萬壽：《家將團——天人合一的巡捕組織》，《史聯》1984 年。

79. 石萬壽編：《永康鄉志》。永康鄉公所，1988 年。

80. 蘇平：《恢復石羊開井節紀略》，中國人民政治協商會議大姚縣委員會編：《大姚文史》2010 年第七輯。

81. 汪啟明：《道教起源與黃色、黃帝崇拜》。《宗教學研究》1992 年第 21 卷。

82. 王海龍：《讀圖時代：視覺人類學語法和解密》，上海文藝出版社 2013 年版。

83. 王樹村：《中國民間紙馬藝術史話》，百花文藝出版社 2008 年版。

84. 王曉青：《靈性的重塑——廣州南海神廟的視覺建構》，中山大學人類學系博士論文，2017 年。

85. 巍山彝族回族自治縣縣志編委會辦公室：《巍山彝族回族自治縣志》，雲南人民出版社 1993 年版。

86. （英）維克多·特納：《象徵之林——恩登布人儀式散論》，趙玉燕、歐陽敏、徐洪峰譯，商務印書館 2006 年版。

87. 魏建明：《雲南甲馬造型的結構研究》，科學出版社 2018 年版。

88. 文永輝：《神異資源——一個鄉村社區的宗教市場與宗教經營》，中山大學博士論文，2007 年。

89. 吳炳鋕、王忠人主編：《澳門道教科儀音樂》，澳門道教協會 2009 年版。

90. 吳俊：《平樂春秋——一個珠江三角洲村落傳統社會之研究》。中山大學碩士學位論文，2008 年。

91. 向柏松：《神話與民間信仰研究》，人民出版社 2010 年版。

92. 謝繼勝：《風馬考》，唐山出版社 1996 年版。

93. 謝宗榮：《臺灣傳統宗教藝術》，晨星出版社 2003 年版。

94. 新編雲南省情編委會：《新編雲南省情》，雲南人民出版社 1996 年版。

95. 薛琳編纂，畢忠武監修：《巍寶山志》，巍山彝族回族自治縣縣志編委會辦公室，雲南人民出版社 1989 年版。

96. 邢路軍、蔡小華：《太歲信仰與太歲習俗研究進展》，《河北旅遊職業學院學報》2009 年第 4 期。

97. 徐華威、王水根：《觀音菩薩是男是女——中土觀音變性原因探析》，《佛教文化》2006 年第 6 期。

98. 徐曉望：《論瑜伽教與〈西遊記〉的眾神世界》，《東南學術》2005 年第五期。

99. 徐笑非：《門的解釋》，西南交通大學研究生學位論文，2010 年。

100. 徐揚傑：《宋明家族制度史論》，中華書局 1995 年版。

101. 徐祖祥：《瑤族的宗教與社會：瑤族道教及其與雲南瑤族關係研究》，雲南人民出版社 2006 年版。

102. 楊成彪主編：《楚雄彝族自治州舊方志全書・大姚卷》，雲南人民出版社 2005 年版。

103. 楊春時：《藝術符號與解釋》，人民文學出版社 1989 年版。

104. 楊世鈺、趙寅松主編：《大理叢書・本主篇》上卷，本卷主編楊政業，雲南民族出版社 2004 年版。

105. 楊郁生：《雲南甲馬》，雲南人民出版社 2002 年版。

106. 楊仲祿、張福三、張楠主編：《南詔文化論》，雲南人民出版社 1991 年版。

107. 葉春生、林倫倫：《潮汕民俗大典》，廣東人民出版社 2010 年版。

108. 亦玄編：《新編臺語溯源續篇》，明報出版社 1996 年版。

109. 雲南省編寫組：《雲南巍山彝族社會歷史調查》，雲南人民出版社 1986 年版。

110. 雲南省民間文學集成辦公室、保山地區民間文學集成小組編，《傈僳族風俗歌集成》，雲南民族出版社 1988 年版。

111. 雲南省民間文學集成辦公室編：《雲南摩梭人民間文學集成》，中國民間文藝出版社 1990 年版。

112. 張分田、許哲娜：《黃色成為君權符號的文化動因》。《天津師範大學學報》（社會科學版），2006 年第 5 期。

113. 張敏：《紙馬的文化價值變遷——以常熟地區為例》，《民間文化論壇》2019 年第 3 期。

114. 張敏：《年例的奔走——廣東省高州地區年例習俗的人類學考察》，中山大學人類學系碩士論文，2006 年。

115. 張澤洪：《文化傳播與儀式象徵》，巴蜀書社 2007 年版。

116. 張振國、吳忠正：《道教常識問答》，上海人民出版社 2008 年版。

117. 張振江、陳志偉：《麻涌民俗志》，汕頭大學出版社 2008 年版。

118. 張振江:《流水·坊巷·人家:村落漳澎的人類學景觀》,中山大學出版社 2014 年版。

119. 趙玲:《論古印度佛像的海上傳播之路》。見中國佛教協會、廣東省佛教協會主辦「中國佛教與海上絲綢之路學術研討會」交流論文,2015 年,廣東。

120. 趙世瑜:《狂歡與日常 明清以來的廟會與民間社會》,生活·讀書·新知三聯書店 2002 年版。

121. 趙寅松、楊郁生主編:《中國木版年畫集成·雲南甲馬卷》(集成總主編馮驥才),中華書局 2007 年版。

122. 中共騰沖縣猴橋鎮委員會,騰沖縣猴橋鎮人民政府編:《崛起的猴橋》(內部資料),2006 年。

123. 中國民間文學集成全國編輯委員會《中國民間故事集成·廣東卷》編輯委員會編:《中國民間故事集成·廣東卷》,中國 ISBN 中心,2006 年版。

124. (日)中野美代子:《西遊記的秘密》王秀文譯,中華書局 2002 年版。

125. 鍾國發,龍飛俊:《恍兮惚兮:中國道教文化象徵》,四川人民出版社、四川出版集團 2007 年版。

126. 周文柏主編:《中國禮儀大辭典》,中國人民大學出版社 1992 年版。

127. 周玉蓉:《民間信仰與地域群體關係——汕尾疍民信仰研究》,中山大學博士學位論文,2006 年。

128. 宗力、劉群:《中國民間諸神》,河北人民出版社 1987 年版。

129. 莊孔韶主編:《人類學通論》,山西教育出版社 2002 年版。

## 三、網絡

1. 讀書網 http://www.dushu.com/showbook/

2. 公眾號志怪 mook

3. 李東風:《南充紙馬》,http://lidongfeng.blshe.com/post/8971/772266,2011。

4. 龐進,雞與鳳凰,http://www.cdragon.com.cn/Rlwkx.asp 跡 NewsID=323,2005 年 12 月 1 日。

5. 普世社會科學研究網

   http://www.pacilution.com/ShowArticle.asp?ArticleID=3548

6. 西陸網 http://club.xilu.com/

7. 蕭沉博客：《俗神》http://xiaochen.blshe.com/post/78/503808，2010/2/11。

8. 新華網 http://www.xinhua023.com

9. 中國天氣網，http://www.weather.com.cn/cityintro/101280101.shtml

10. http://www.chengdu.gov.cn/newsrelease/list.jsp?id=62371

11. http://blog.voc.com.cn/blog.php?do=showone&uid=2320&type=blog&itemid=
    164398

12. http://www.lsiptv.cn/static/2007/07/10/004231.html#comment-7691

13. http://learning.sohu.com/20060728/n244486007.shtml

14. http://bbs.chinazhuyi.com/dispbbs.asp?boardid=49&id=5639;yywzw.com

# 附錄：民間雕版木刻田野考察訪談及樣本採集對象

## 一、訪談對象

廣東省清遠市佘族雷姓法師，61 歲（2013）

廣東省佛山市禪城錦華路 66 號向民紙紮店彭姓女店主

廣東省廣州市番禺區石樓鎮陳儉文，95 歲（2019），龍興廟黃家俊

廣東省佛山市順德區勒流連杜村玉虛官翁某，65 歲（2016）

廣東順德容桂鎮白蓮公園內部分香客、神婆

廣東普寧市梅塘鎮溪南村人，紙料鋪老闆周先生，男，約 58 歲（2016）

雲南省昆明市「玄機閣」至果道人，56 歲（2008）

雲南省嵩明縣法界寺文昌殿當家至傑道人

雲南省巍山彝族回族自治縣巍寶山長春洞肖遙道長，52 歲（2019）

雲南省巍山彝族回族自治縣巍寶山玉皇閣圓蓉道長，46 歲（2019）

雲南省巍山彝族回族自治縣廟街鎮古城村公所宗旗廠村宗維龍、宗維寶

雲南省巍山彝族回族自治縣廟街鎮繫馬樁村齋奶鄭和英，64 歲（2001）

雲南省巍山彝族回族自治縣巡檢村段紹堂，60 歲（2001）

雲南省巍山彝族回族自治縣古城文華北街 81 號紙火店蘇寶鎮，64 歲（2009）、劉存惠，62 歲（2009）

雲南省巍山彝族回族自治縣城外文明街北壇寺趙先生，65 歲（2015）

雲南省巍山彝族回族自治縣古城文華南街 13 號張永兆

雲南省巍山彝族回族自治縣大倉鎮開發區廣場李大媽（85 歲）、王大媽（60歲，2017）

雲南省巍山彝族回族自治縣永建鎮蘿蔔地村周大媽，55 歲（2017）

雲南省騰沖縣和順鄉 11 社紙馬店寸守尊，65 歲（2001）

雲南省梁河縣青木寨鄉水箐村李仲然，57 歲（2001）

雲南寧蒗彝族自治縣瀘沽湖摩梭人爭翁基

## 二、樣本採集

廣東省廣州市各紙火店

廣東省廣州市番禺區石樓鎮、沙灣鎮

廣東省汕尾市鳳山祖廟

雲南畫院曾曉峰先生

雲南省群眾藝術館陳力先生

雲南省昆明市圓通寺

雲南省巍山彝族回族自治縣古城各紙火店

雲南省巍山縣城北寶善三社村民劉枝元家

雲南省騰沖縣和順鄉紙馬店

雲南省騰沖縣收藏家賈志偉

雲南省梁河縣青木寨鄉水箐村

雲南省昆明「玄機閣」

雲南省嵩明縣法界寺文昌殿

# 後　記

　　1980 年初，我第一次看到滇川交界處的瀘沽湖摩梭民間祭司「達巴」，用自刻的雕版給村民印「風馬」，使我對這種在藏傳佛教信仰區域隨處可見的木刻作品產生了濃厚興趣。幾年後，雲南畫院的曾曉峰先生送了我一些大理、騰沖等地的「甲馬紙」，我驚訝地發現，這類雕版木刻作品，造型奇特，類型相當豐富。甚至就在昆明，寺廟和公墓附近，都有一些類似的木刻紙符和香燭紙錢一起賣。我由此對這種活在民間的雕版木刻作品產生了濃厚興趣。之後凡去做田野考察，都會關注這種雕版木刻的情況。

　　自 1993 年起，我多次到雲南省大理白族自治州、巍山彝族回族自治縣、騰沖縣以及西藏等地做調查，在那裏發現大量「甲馬紙」作品，並現場觀察了一些使用雕版木刻的民俗儀式。雲南省社會科學院的同事楊萬智先生，也給我看了他收集紙馬的一些複印件。2000 年我到中山大學任教之後，仍然將民俗雕版木刻作為田野考察對象。

　　更為集中的是 2011 年我獲得國家社科基金重大項目「中國宗教藝術遺產調查與數字化保存整理研究」以來，更是強化了對於這類俗信類雕版木刻作品的調查，注意它們活態傳承的現狀，同時擴大了調查和文獻搜尋範圍，田野點增加了雲南更多的地縣及廣東、貴州、青海、內蒙古等省區。同時讓我的學生在做田野考察時，對此給予適當關注（他們撰寫的部分，已經分別注明）。我的一些藝術家朋友如陳力、文化傳播策劃人何紹光、雲南巍山民俗博物館李惠麗女士等，知道我在做這個方面的研究，也把他們收集的雕版木刻紙符作品或掃描圖片送給我，豐富了我的圖像文獻資料。在此，要特別感

謝我所訪談請教的各地民俗雕版木刻傳承人，他們熱情解答，接納我觀察他們的各種民俗儀式活動，甚至將他們秘藏的法事筆記給我翻閱。讓我學到了許多在書本上學不到的知識。這些珍貴的圖像文獻及其在田野中獲得的第一手調查資料，還有前人從藝術、文化遺產等角度開展的研究工作，使得這項研究，有了堅實的基礎。

我從中山大學退休之後，受廣州美術學院信任和委託，在美院創建了一個視覺文化研究中心，得以回到初心，更加專注於我所喜愛的視覺文化研究工作。本研究是我關於視覺人類學系列研究的一個方面，主要對民俗雕版木刻進行大致梳理，並按自己的理解進行了重新結構，希望將圖像與社會生活現場及信仰實踐結合起來，盡可能還原民間雕版木刻圖像紙符這種「非文字書寫」方式的語境，探討它們在民俗文化史中的作用和地位。

本書只是一個初步的框架，很多地方都有進一步深入論述的空間，一些分類、圖像識讀和表述不一定準確。另外，由於民俗雕版木刻的製作、使用的群體不同，圖像的呈現會有造型和技藝上的一些差異；由於被訪談者文化背景不同，對紙符的解釋不同，所以也會出現一些意義和表述上的問題和矛盾。我的做法是照樣實錄，對同一「版本」的不同呈現和表述，盡可能尊重和保留訪談對象的意見。這些不同闡釋，對於我們觀察不同群體或個人對傳統文化及民俗雕版木刻的認知和傳承狀況，其實是有意義的。

民俗雕版木刻作為中國民俗類非物質文化遺產，在民眾的生活世界和精神世界中，歷史上曾有重要影響，現在依然在中國民間活態傳承。關於民俗雕版木刻的研究，在年畫方面做得不錯，但對於被稱為「紙馬」「風馬」等的小型民俗雕版木刻，研究成果不算太多，特別是將其置於民俗生活現場的系統性調查研究更為缺失。本書基於作者三十餘年的田野考察，從視覺人類學和民俗學角度研究民俗雕版木刻，不僅有較為齊全的圖像資料，還有大量雕版木刻在民俗現場使用的田野考察實錄，因而在項目結項的專家評審中，獲得好評，指出「特別是一些從未引起學界關注的邊遠地區保存下里的最原始的宗教藝術形態，和活態的帶有濃鬱藝術色彩的儀式，展示出全新的研究層面。同時，通過田野調查獲取了大量的第一手資料，展示了中華民族傳統文化的豐富多彩，為學術界奠定了可持續深入研究的基礎，為新時期文化建設提供了借鑒，也為物質與非物質文化遺產保護提供了範例，很好的完成了既定的目標。」項目的中期評審和結項，得到敦煌研究院馬德研究員、西安音樂學院羅藝峰教授、中

央民族大學張亞莎教授、四川大學段玉明教授、深圳大學田少煦教授及校內外匿名評審專家的諸多指點，特此致謝。

　　本書主要的理論嘗試，主要是「非文字書寫的文化史」，由此拓展文明研究。本研究並未把宗教藝術孤立地視為「宗教」或「藝術」，而是站在社會文化的角度，力圖從結構上梳理和探討民俗雕版木刻的歷史脈絡、社會認同、文化心理、視覺表達的句法構成及其製作工藝，涉及民間社會生活和傳統精神世界的各個方面，對於美術學、視覺人類學、民俗學、民藝學、宗教學等，具有特殊的學術價值和文獻價值，其跨學科的研究思路，圖像文獻的現場觀察及其與民俗儀式、口述文本等互文互詮的研究方法，也可能對圖像學研究提供一定啟示。研究方法主要是人類學視角下的田野調查，試圖把散落在山野的民俗藝術作為傳承傳統文化，凝聚民族精神的文化遺產來研究；對於藝術創作來說，民俗雕版木刻大膽的想像力、獨特的形式構成和表現手法，也會提供直觀的樣本。三是以多媒體數字化技術介入遺產物化保存的全面性，對今後遺產的宣傳與研究奠定較好的平臺與基礎。本書約 50 萬字的研究成果，不同「版本」的3000 餘幅民俗雕版木刻原作及豐富的田野考察現場照片，將全部數字化。前期圖片掃描工作，由中山大學人類學系研究生熊威、陳曉陽、高飛勝、趙家琪、李琳、高瑩、龍麗清及廣州美院視覺文化研究中心付常青等完成。該成果的這一應用價值，可以為目前藝術界傳統的定性研究提供一種新的研究思路，從而形成新的「數字人文」的研究範式。

　　作者畢竟不是民俗雕版木刻的製作者和使用者，對它們的認知十分有限，其中錯訛一定不少，謹望讀者給予批評指正。本書中的部分內容，曾交有關民族的學者審閱，十分感謝他們提出的寶貴意見；另外，為了得到學界更多的批評，本書其中個別篇目以論文形式，發表在《民族藝術》《美術大觀》等刊物上。

鄧啟耀
2023 年 8 月於廣州美術學院視覺文化研究中心